Nimm das Leben in die Hand

Sich selbst coachen, beraten und in die Freiheit führen

AF206822

Nimm das Leben
in die Hand

Sich selbst coachen,
beraten und in die Freiheit führen

2018 © by IAW Anstalt, Vaduz
www.iadw.com

ISBN: 978-3-7460-7413-9

Die Deutsche Nationalbibliothek verzeichnet diese Publikation
in der Deutschen Nationalbibliografie; detaillierte bibliografische Daten
sind im Internet über www.dnb.de abrufbar.

Umschlaggestaltung: www.layART.li
Umschlagmotiv: ©fotolia.com/Visual Concepts

Herstellung und Verlag: BoD – Books on Demand, Norderstedt
Made in Germany

Internationale Akademie der Wissenschaften (IAW) Anstalt, FL-9490 Vaduz
Tel. +423/233 12 12, Fax +423/233 12 14

Inhaltsverzeichnis

Einklang

Dieses Buch weist darauf hin, dass jeder Mensch im Laufe seines Lebens zum eigenen Lebensberater wird. Ein Lebensberater fällt aber nicht vom Himmel, es ist die Erfahrung, die Erforschung und Einsicht, die ihn mit der Zeit lehren, wie man Problemen begegnen soll. Alles notwendige Wissen ist in uns unsichtbar vorhanden, bis zu dem Tag, an dem es nach außen tritt.

Aufgrund seiner Erfahrungen und der daraus resultierenden Entwicklung wird er selbst sein bester Freund. Jeder ist sein eigener Berater und auch oft sein bester, würde er nicht dazu neigen, viele Aspekte des Lebens zu übersehen. Wir alle tragen jegliche Antworten und Lösungen in uns, doch wir hören, sehen und fühlen sie nicht mehr. Betriebsblind ist vielleicht ein Wort, das hier ganz gut passen würde. Im Prinzip weiß jeder, was ihm guttut, was er lassen und tun sollte, doch meistens macht er was anderes. Warum ist das so?

Im Kosmos gibt es Gesetzmäßigkeiten und Abläufe, die der Mensch nicht wirklich einsehen kann. Wir können sowohl auf das Wissen, das wir in unserem Hirn zusammengetragen haben, zurückgreifen als auch auf das, was wir erlebt haben. Doch hier stoßen wir alle an Grenzen, da der Verstand selbst begrenzt ist. Damit jeder Mensch zum optimalen Lebenskenner wird, ganz gleich, ob es darum geht, sein eigenes Leben zu meistern oder für andere Menschen da zu sein, habe ich hier in diesem Buch wichtige, erprobte und altbewährte Anregungen und Impulse zusammengefasst.

Als Ganzes gesehen ist es noch lange kein Konzept für ein sorgenfreies Leben, wer es nur liest, wird im Wissen stecken bleiben. Lassen Sie sich Einsichten entlocken, zu einer neuen Sichtweise hinreißen und zu noch nie gedachten Gedanken animieren, damit Sie das, was Sie Ihre Probleme, Sorgen und Ängste nennen, ein Stück weit anders betrachten können. Offener, klarer und ohne Vorbehalte.

Ohne Vorurteile und Vorstellungen sieht das Leben ganz anders aus, als es ist, da das Leben eine Vorstellung ist. Wer seine Vorstellungen ändert, ändert nicht nur seine Sicht. Das ganze Leben wird sich anders zeigen, es kann immer nur so sein, wie Sie darüber denken, und orientiert sich an der Weite Ihres Horizonts.

Die seit Jahrzehnten sehr beliebten und erfolgreichen Ausbildungen zum Lebensberater, Lebenslehrer und Lebenscoach brachten mich auf die Idee, dieses Buch zu schreiben. Nicht jeder möchte eine Ausbildung machen. Zeitliche, finanzielle oder familiäre Gründe können hier eine Rolle spielen.

Das Buch ersetzt zwar keine Ausbildungen, mit denen Sie befähigt sind, offiziell tätig zu sein. Die können Sie jederzeit machen, wenn Sie Lust darauf haben, doch ein wahrer Lebenskenner kann jeder sein, der das auch wirklich möchte und sich mit sich und dem Leben auseinandersetzt. Profitieren Sie von dem weitläufigen Wissen meines bewährten Erfahrungsschatzes, damit auch Sie Ihr Leben optimieren können.

Haben Sie Wünsche?

Fehlt Ihnen Erfolg?

Ist die Verwirklichung in Ihrem Leben auf der Strecke geblieben?

Fühlen Sie sich einsam?

Möchten Sie mehr über sich erfahren?

Möchten Sie glücklich sein?

Jeder Mensch hat ein Recht darauf, glücklich zu sein. Glück ist kein Zufall, sondern ein Geburtsrecht. Alles ist möglich, wenn Sie es auch „wollen". Dieses Wollen ist nicht mit dem menschlichen Willen, dem Wollen des Egos gleichzusetzen. Damit sich Ihr Leben erfüllt anfühlt, bedarf es einer einzigen Voraussetzung – und zwar ist hier ein „wahres Wollen", ein inneres Wollen gemeint. Dies ist die Bereitschaft für die Veränderung, die für Sie bestimmt ist. Es geht also um die Bereitschaft, das in Empfang zu nehmen, was kommt, auch wenn Sie es sich nicht vorstellen, nicht wissen und noch nicht kennen können. Das bedeutet also in jedem Fall, dafür offen zu sein, ohne in eine bestimmte Richtung zu drängen. Das alles klappt nur, wenn Sie wirklich bereit dazu sind, an sich zu arbeiten.

Ein Buch kann Ihnen nicht wirklich weiterhelfen, wenn Sie es einfach nur lesen und dann zur Seite legen. Sehen Sie das Lesen als etwas an, das immer wieder wiederholt werden will, damit sich das Wissen verinnerlicht. Danach geht es natürlich ans Umsetzen. Je tiefer Sie in das Gelesene eintauchen, umso tiefere Erkenntnisse werden sich zeigen.

Diese lenken Ihr Leben und lassen Sie das tun, was wirklich zu tun ist. Das Leben ist kein Wunschkonzert. Es geht nicht darum, nur nach dem zu streben, was Sie vom Verstand her wollen. Es gibt so viel mehr, als Sie sich denken und vorstellen können, warum also nur in Begrenzungen denken. Großes Denken erzeugt großartiges Leben.

Bevor Sie die süßen Früchte Ihres Lebens ernten, geht es darum, mit dem, was Sie haben, glücklich zu sein. Aus dieser Zufriedenheit ergeben sich Gelassenheit und Ruhe. Diese beiden Empfindungen öffnen eine Türe, hinter der es so viele neue Möglichkeiten für Ihren Lebensplan gibt, die Sie sich bisher selbst verwehrt haben.

Warum?

Weil Sie etwas erzwingen wollen und auf der Suche waren. Das Geheimnis liegt darin, sich mit dem Gegebenen zu arrangieren und dadurch Widerstände und Ablehnungen abzubauen. Mit dem Leben und all seinen Umständen in Harmonie zu kommen und sich mit allem auszusöhnen. Erfreuen Sie sich daran, wie es ist, DANN öffnet sich der Himmel.

Der Schlüssel heißt Freude und der muss auch ins Loch von Problemen, Unstimmigkeiten, Komplikationen und Unannehmlichkeiten passen.

Gelebte Spiritualität

Unter Spiritualität versteht jeder etwas anderes. Für manche ist der Begriff etwas Befremdendes, nicht Greifbares, anderen erscheint er suspekt und unheimlich, viele verstehen gar nichts darunter, einige lehnen ihn ab und wenige haben darin ihren Lebenssinn gefunden. Spiritualität wird oft mit Begriffen wie Esoterik, Geistheilung oder Anderssein verwechselt, dabei ist es einfach eine gesunde Lebenseinstellung, nichts weiter als ein Leben voller Freude, eine Art Leichtigkeit in einem ganz natürlichen Alltagsdasein. Vielleicht könnte man es aber auch so nennen: ein Funke von Ursprünglichkeit und Menschlichkeit, ein heiteres Leben mit Lust auf alles, was sich ereignen mag.

Eigentlich ist jeder Mensch ein Lebensberater, auch wenn er kein Lebenskenner ist. Er berät andere, indem er Tipps gibt, seine Meinung äußert und damit seine Sichtweise einbringt. Einer macht es umsonst, der andere bekommt dafür Geld. Was für den einen ein Hobby ist, ist für den anderen zum Beruf geworden und der, der diese oft unbewusste Tätigkeit an sich nicht bemerkt, übt sie trotzdem aus. Er berät zumindest sich selbst, indem er über seine Probleme nachdenkt und dann eine Entscheidung trifft. Das Hirn ist wie eine große Beratungsstelle, wo abgewogen, spekuliert, verglichen und vermutet wird. Ob man nun nach seinem Gefühl geht, seinen Verstand entscheiden lässt oder einfach ganz spontan handelt, man ist in jedem Fall ein Lebenscoach.

Dies bedeutet aber nicht, dass diese Entscheidungen für das eigene Leben oder Ratschläge für andere immer optimal sind, da jeder Mensch nur aus seinen Erfahrungen und aus seiner individuellen Gedankenwelt heraus schöpfen kann. Wir wissen nicht, was für uns oder unser Umfeld gut ist, wir können es nur vermuten.

Falsche Entscheidungen, Fehltritte, Missgeschicke und jedes Unglück werden als schlecht angesehen und natürlich abgelehnt, sie sind demnach unerwünscht. Aus menschlicher Sicht vielleicht nachvollziehbar, auch wenn es im Grunde nichts Schlechtes gibt. Negativ ist der Gegenpol von Positiv und gehört deshalb zum Leben ganz selbstverständlich dazu.

Das Leben hat immer zwei Seiten, wäre dem nicht so, bräuchte es das Leben nicht. Es ist ein Erfahrungsfeld, ein Übungsplatz, der ausschließlich dazu dient, unsere Lektionen zu erfahren, zu durchleben und um dadurch dazuzulernen. Jedoch nicht wie herkömmlich angenommen mit dem Verstand: Es ist die Lehre des Herzens, die uns Unterrichtsstunden in Sachen Liebe erteilt. Liebe, ein großes Wort. Liebe ist in jedermanns Munde und wird automatisch mit zwischenmenschlichen Beziehungen assoziiert.

Fakt ist, die Unterrichtsstunden haben damit nichts zu tun. Hier geht es um die eine Liebe, die allen Wesen dient und sich nicht nur auf einen Menschen, ein Tier oder ein Objekt bezieht. Erst wenn wir unsere Ursprünglichkeit wiederentdecken und zu dieser Liebe werden, die wir tief in unserem Herzen sind, ist das Leben erfüllt. Vorher ist es nur ein Spielplatz von eigensinnigen und ichbezogenen groß gewachsenen Kindern, die sich gegenseitig das Leben schwer machen. Jeder will der Beste sein und die größte Sandburg bauen, und wer eine schönere Schaufel in der Hand hat, dem wird sie weggenommen.

Die größte Sandburg muss vernichtet werden, wenn sie ein anderer gebaut hat, denn das ist nicht akzeptabel. *Jedem das Seine* … das klingt doch ganz gut, doch das *Nur für mich ein bisschen mehr!* ist leider zur Realität geworden. Vielleicht reißt man dem Gegenüber nicht gleich die Schaufel aus der Hand, sondern tut dies nur in Gedanken.

Bereits dies ist eine tiefe Verletzung, jedoch nicht nur für den anderen, sondern ein unabsehbarer Schaden für den eigenen Lebensverlauf. Unruhen und Kriege beginnen demnach im Kopf, bevor sie sich auf der Erde zeigen.

Es heißt: „Jeder darf denken, was er will. Gedanken sind frei." Das mag so sein, doch jeder Gedanke zieht eine Spur hinter sich her und diese Spur bildet den Grundstock für unsere Lebensumstände. Es ist kein harmloser Schleim einer Schnecke, der vom Regen wieder weggewaschen wird, es ist etwas Zähes und Grobes, was auf unser Leben unweigerlich und schonungslos Einfluss nehmen wird. Ihr Leben folgt Ihren Gedanken und nicht umgekehrt.

Niemand kann aus seiner Haut und jeder gibt sein Bestes, auch der, der scheinbar mit Fehlern beladen, inkonsequent, oberflächlich oder ungenau ist.

Er kann nicht anders. Warum? Weil jeder Mensch immer seinem So-Sein entsprechend agiert. Nun könnte man sagen, er hätte dies oder das anders machen können. Nein, das hätte er nicht, denn wäre es so, dann hätte er es ja anders gemacht. Daran erkennen wir, dass das Leben einen Rhythmus hat, auf den wir nur bedingt Einfluss nehmen können. Wenden wir uns nur dem Leben mit all seinen Vergnügungen und Annehmlichkeiten zu, haben wir nur wenig mitzubestimmen. Richten wir unser Leben aber nach dem Weg des Herzens aus, so haben wir viel mehr Möglichkeiten, um das Leben zu formen.

Es entsteht eine Art Freiraum für wunderbare Entwicklungen, die durch das Selbst hervorgerufen werden. Das Ich aber ist stark eingeschränkt, weil es im Raum seiner Begrenzungen und Enge stecken bleibt. Das Selbst geht über alle Grenzen hinaus und ihm sind keinerlei gesetzt.

Entscheiden Sie also, ob Sie den Weg des Ichs gehen oder doch lieber in die spannende Reise des Selbst eintauchen wollen. Beide Wege gehen Sie als Mensch, doch die Beweggründe, die Absichten sind andere

Das Ich will vieles erreichen und hat unendlich viele Wünsche. Es will etwas werden und etwas erreichen, es will etwas sein. Das Selbst interessieren die lächerlichen Erwartungen und Wünsche des Egos nicht im Geringsten. Es ruht unveränderlich in sich selbst und hat keine Wünsche, es nutzt lediglich einen Körper, um genau diesen Körper samt Umfeld und gesamtem Lebensraum als Illusion zu durchschauen.

Das Selbst kann mithilfe des Ichs die Illusion durchbrechen, das Ich hingegen erklärt die Illusion zu seiner Realität und bleibt in dieser gefangen. Ob man es nun Fachmann, Mentor, Lehrer oder Berater für Lebensführung nennt, die Grundlage jedes Lebens ist Spiritualität. Das Wort wird oftmals falsch interpretiert, weil wahre Spiritualität unbewusst abläuft und wir nur das sehen können, was wir bewusst erleben. Ich fasse in diesem Buch bewusste Lebensführung, gelebte Spiritualität, Verantwortung und eine positive Einstellung als Lebensgrundhaltung in folgendem Ausdruck zusammen: der spirituelle Lebensberater. Somit weiß jeder, was ich damit meine, und jeder Einzelne kann sich als solcher wiederentdecken.

Spiritueller Lebensberater ist mehr als ein Begriff und es ist das, was wir alle sind. Den Menschen, denen dies noch nicht bewusst ist, zeige ich gerne Möglichkeiten auf, wie sie diesen Berater oder Mentor wieder zum Leben erwecken können. Der spirituelle Lebensberater ist also nicht nur eine Ausbildung, sondern eine Form des bewussten Menschseins. Und da es auf der Welt um Bewusstsein geht, nutze ich diesen Ausdruck, um Ihr Herz und Ihre emotionale Datenbank anzusprechen. Wer sich berühren lässt und sich für eine neue und positive Form des Lebens öffnet, wird Erfolge und Ergebnisse sehen, die ihn überzeugen und begeistern werden.

Wirkliches und wahrhaftiges Leben beinhaltet Begeisterung, Freude und Frohmut, Neugier auf das, was kommt und das Leben als Überraschung und Geschenk zu erfahren.

Spiritueller Lebensberater sein

Die Frage lautet also nicht, wie kann ich ein spiritueller Lebensberater werden, sondern es muss heißen: Wie kann ich diesen kreativen, allwissenden, vollkommenen und ursprünglichen Wesenskern, der tief in mir schlummert, wieder aktivieren und zur vollen Entfaltung bringen? Der spirituelle Lebensberater hilft Ihnen dabei, die geistige Geburt zu vollenden und wieder in Ihr wahres Leben als „Ich bin" einzutreten. Entscheidend ist, als wer Sie leben, als Persönlichkeit (Ich) oder als Bewusstsein (Selbst).

Als Persönlichkeit werden Sie Ihre innere Schatzkammer nicht finden, aber als Bewusstsein ist es wie ein nach Hause kommen. Alles, wovon Sie vielleicht geträumt haben, ist auf einmal da. Es war im Prinzip nie weg, Sie haben es nur nicht gesehen.

Sie brauchen es nur noch in Besitz zu nehmen, mehr gibt es nicht zu tun. Dies geschieht zwar mit Hilfe und über das Ich, ist aber eine Angelegenheit des Selbst. Dies bedeutet, dass wir dazu aufgefordert sind, transparenter, feinfühliger und intuitiver durch das Leben zu gehen. Eigentlich ist es nur ein Schritt und Sie sind bereits dort, wohin Sie sich auch immer sehnen. Wenn Sie vom Ich ins Selbst eintauchen und zu dem „werden", der Sie immer schon gewesen sind, können Sie erfahren, dass sich nur der Bezug zum Ich ändert. Alles andere bleibt unveränderlich gleich und doch ist etwas geschehen, was für immer unerklärlich und unbeschreiblich bleiben wird.

Lösen Sie sich also von der Vorstellung, dass es bis zum Erwachen noch ein langer Weg ist und Sie dafür noch viel tun und lernen müssen. Genau diese Gedanken sorgen nämlich dafür, dass sie in der scheinbaren Trennung stecken bleiben. So erleben Sie weiterhin ein Ich und Du, ein Wir und Ihr, den anderen hat es nur in der Vorstellung gegeben.

Natürlich begegnen wir anderen Menschen, doch dies sind nur ihre äußeren Formen. Der Mensch ist ein Erscheinungsbild, doch das, was Sie wirklich sind, ist viel mehr als eine oberflächliche Erscheinung.

Das Unsichtbare kann vom Verstand nur schwer als die eine Realität bejaht werden. Das Ich wehrt sich dagegen, es will schließlich Beweise haben. Es weiß immer alles besser. Das ist das Wesen des Ichs, es ist rechthaberisch und störrisch wie ein Esel. Nach Beweisen kann es lange suchen, es gibt nämlich keine. Das Ich braucht Greifbares und Erklärbares. Das Selbst nicht, denn es ist ungreifbar und wird immer unerklärlich bleiben. Das Ich will nicht wahrhaben, dass es nur ein Schritt ist, ein Augenblick der Erkenntnis, um sich selbst als Illusion aufzudecken.

Natürlich muss das so sein. Wer will sich schon selbst als Betrüger entlarven?

Wer erstattet schon gerne eine Selbstanzeige. Wer geht schon gerne zu seinem eigenen Begräbnis?

Das Ich will leben.

Dies ist durchaus verständlich, doch solange es glaubt, eine eigene Identität zu besitzen, wird das Leben weiterhin dual geprägt sein und dies bedeutet Kummer, Sorgen und Leid. Wo das Ich ist, gibt es gut und schlecht, kalt und warm und oben und unten.

Gegensätze wie Krieg und Frieden sind also ein Fundament im Ich-Lebensraum und gehören dazu. Das alles sowie alle Unterscheidungen gibt es im Raum des Selbst nicht. Aus diesem allewigen Raum wird der Ich-Raum geboren. Der Ich-Raum existiert also nicht aus sich selbst heraus, sondern das Selbst bringt das Ich hervor, atmet es und lässt es überleben.

Dies scheint das Ich vergessen zu haben, es kennt seinen Ursprung nicht. Es bildet sich wahrlich ein, selbst der Schöpfer zu sein und dieser Hochmut führt in ein Leben voller

Schmerz und Trauer. Fast jedes Ich sehnt sich nach Frieden, den es aber im Ich-Raum nicht geben kann. Es ist nahezu so, als ob sich der Fluss wünscht, keine Fische zu haben oder nicht nass zu sein. Krieg ist eine Eigenschaft, die mit dem Ich-Raum unweigerlich verknüpft ist. Wie kann sich ein Ich also Frieden wünschen, wo es doch in der Dualität lebt. Es muss einen Gegenpol geben, es ist gar nicht anders möglich.

Das Selbst ist der Frieden selbst. Es ist die Liebe, die uneingeschränkt immer gleich vorhanden ist. Der Schritt vom Ich zum Selbst ist nicht einmal an eine Körperbewegung gebunden. Machen Sie am besten gleich den alles entscheidenden wichtigsten Schritt.

Der notwendigste aller Schritte ist es, aus dem Traum aufzuwachen, wach zu sein und sich bewusst zu machen, wer Sie wirklich sind. Sie sind der Schöpfer, das Selbst, für den alles möglich ist. Das Ich ist nichts weiter als ein Abbild des Selbst, eine Einbildung, die so real erscheint, dass es für dieses fortwährende Durchschauen sehr viel Mut und ein gutes Durchhaltevermögen braucht. Entscheidend ist, wie Ihre Gesinnung ist.

Womit beschäftigen Sie sich vorwiegend? Worauf ist Ihre Aufmerksamkeit, die Ihr Schicksalsgestalter ist, vorwiegend ausgerichtet?

Wer nur Fleisch isst, wird Aggressivität fördern. Wer sich im TV nur Krimis ansieht, wird seine Angst verstärken. Wer nur Alkohol trinkt, wird sich selbst zerstören. Wer nur klassische Musik hört, wird feinfühliger sein. Wer sich viel in der Natur aufhält, wird zufriedener und intuitiver werden.

Das alles ist logisch und doch scheinen sich viele Menschen nicht darüber bewusst zu sein, dass die Ausrichtung über ihr Leben entscheidet. Wohin auch immer Sie sich ausrichten, Sie werden zu dem, was Sie denken und erleben. Wer in der Sonne liegt, wird braun, wer liegen bleibt, verbrennt.

Wer sich im Materialismus verliert, wird immer mehr wollen und unzufrieden sein, weil Erfüllung dort nur vorübergehend gefunden werden kann. Befriedigung, die durch äußere Dinge ausgelöst wird, kann angenehm sein, doch sie wird nicht bleiben.

Was also nutzt sie?

Wollen Sie für einen Augenblick glücklich sein oder lieber für immer, ohne Beeinflussung von außen glücklich sein?

Glückseligkeit sein und glücklich zu sein, sind zwei grundverschiedene Elemente. Eines hängt vom Ich ab, während das andere das ist, was das Ich niemals erreichen kann.

Wie soll das erreicht werden können, was Sie ohnehin bereits sind?

Nur weil Sie es nicht wissen, bedeutet das

nicht, dass es nicht existent ist. Wie auch immer Sie sich sehen, genauso werden Sie sein. Was auch immer Sie glauben, sich wünschen, wollen oder sehen, wird ihr Leben bestimmen. Also gilt es, hier Änderungen vorzunehmen, anstatt das Leben korrigieren zu wollen.

Das Leben folgt nur Ihrem So-Sein, es ist die Wirkung Ihrer Handlungen, Worte und Gedanken.

Was Ihr innerster Ratgeber weiß

Ein wahrer Lebensberater weiß, dass sein Selbstbild, seine energetische Signatur (Ausstrahlung) und sein Glaube Realität bestimmen und formen. Das Allerwichtigste ist es, zu Bewusstsein zu kommen und die natürliche Vollkommenheit Ihres wahren Wesens immer vollkommener zum Ausdruck zu bringen. Erlernen Sie die Kunst, aus einem ganz normalen Alltag etwas ganz Besonderes zu machen, und letztlich wird jeder Tag, jede Stunde, jede Minute und schlussendlich jeder Augenblick vollkommen sein.

Sie sehen und erfahren sich großteils als Körper, weil Sie sich über die Sinne erfahren. Tatsächlich sind Sie jedoch viel mehr als eine vergängliche Hülle. In Wirklichkeit sind Sie die eine liebevolle Präsenz des Seins, reine Existenz, zeitlos, alterslos, ewig. Sie brauchen nicht an sich zu arbeiten oder etwas zu verändern. Sie müssen auch nicht vorwärtskommen.

Wo ist vorwärts?

Sie sind bereits vollkommen, sehen Sie es nicht?

Einzig und allein die Sicht der Dinge soll erweitert und erneuert werden, genau das verändert nämlich auch die Dinge an sich. Das klingt vielleicht komisch, doch das, was Sie Ihr Leben nennen, ist die Folge Ihrer Sicht.

Was auch immer Sie denken, wird sich materialisieren. Sie rufen es in Erscheinung. Allein Sie und nur Sie selbst, niemand sonst kann das für Sie tun. Wer sich also über das Leben beklagt, beklagt sich nur über die Folgen seines So-Seins. Das bedeutet nicht, dass Sie sich nun mit Schuldgefühlen beladen müssen, weil Sie Ihr Unglück verursacht haben.

Sie haben mit Ihrem Körper, resp. seiner Sprache, seinem Verstand und mit den aus ihm hervorsprudelnden Worten zwar etwas dazu beigetragen, doch Sie haben ja nicht absichtlich Ursachen gesetzt. Dies geschieht einfach, weil wir so sind, wie wir sind. Prägungen, Erfahrungen, Erziehung und vieles mehr haben uns geformt und niemand kann anders handeln, als er es tut. Er würde es ja anders machen, wenn er es zu diesem Zeitpunkt anders machen hätte können. Da ist eine Kraft, die uns lenkt und deren Ursprung es zu ergründen gilt.

Was also ist zu tun?

Sie brauchen nur hervorzutreten und der sein, der Sie immer schon sind, natürlich immer schon waren und sein werden. Auf was warten Sie noch? Auf bessere Zeiten? Die kommen nicht durch Abwarten, sondern durch intuitives und bestimmtes liebevolles Handeln voller Vertrauen und Zuversicht.

Wie lange, wie viele Jahre oder Leben brauchen Sie noch, um der zu sein, der Sie sind?

Oder besser gesagt, um zu erkennen, dass Sie das, was Sie suchen, immer schon gewesen sind?

Sie leben zwar in einem Körper, Sie sind aber nicht der Körper. Sie können nicht das sein, was Sie sehen können, da alles Sichtbare vergänglich ist. Der Mensch als Ich mag vergänglich sein, das Selbst, die Seele, ist es bestimmt nicht.

Halten Sie Ihre Aufmerksamkeit auf die Vollkommenheit, auf Ihren unsterblichen Lichtkörper Ihres „wahren Seins" gerichtet, und leben Sie bewusst als dieses vollkommene, ewige Sein. Seien Sie sich Ihrer Unbegrenztheit und Unvergänglichkeit bewusst. Wer sich ständig im Außen verliert, der ist abgelenkt. Natürlich kann er so nicht sein eigentliches Wesen erkennen. Wie denn auch, wenn er ständig dort ist, wo sich Illusion abspielt.

Wenn Sie im Wald spazieren gehen und zwischen Hunderten von Bäumen genau den fixieren, der abgestorben und ohne Blätter ist, wie wollen Sie dann das Grün, das Blühen und die Schönheit des Waldes erkennen? Wo auch immer

Sie hinsehen und hindenken, liegt Ihre individuelle Realität, die mit der einen wahren Realität absolut nichts zu tun hat. Schauen Sie dorthin, wo das Leben, ja jedes Ding, seinen Ursprung hat und bleiben Sie nicht wie selbstverständlich in den äußeren Erscheinungsformen hängen. Lenken Sie Ihre Wahrnehmung auf das, was immer und ewig ist, und nicht nur auf die Vergänglichkeiten dieser Welt.

Ihre Aufmerksamkeit entscheidet über den Moment, wie er ist und wie er erlebt wird. Der Moment ist niemals gut oder schlecht, sondern immer nur so, wie Sie ihn sehen, wie und was Sie hören, sprechen, fühlen und denken. Sie sind der, der ohne Augen sehen kann und ohne etwas zu wissen, wissend ist. Sie sind der, der ist, der immer war und immer sein wird.

Lassen Sie alles los, was nicht zu Ihrem wahren Sein, dem „Ich bin" gehört und seien Sie einfach ganz da – und zwar als liebevolle Präsenz des Seins. Schauen Sie sich beim Leben zu – und zwar ständig. Leben Sie ganz gezielt und bewusst als Beobachter.

Seien Sie sich, während Sie mit den Augen in die Welt hineinsehen, voll darüber bewusst, dass zwei Augen zwar etwas sehen, da aber noch etwas ganz anderes ist, das wahrnimmt und sieht. Gehen Sie eine Stufe tiefer. Tauchen Sie ein in das Geheimnis des Lebens und durchbrechen

Sie Ihre begrenzten Vorstellungen und öffnen Sie sich der weiten Sicht Ihres Seins. Es ist der Weg vom Ich zum Selbst, wobei das Selbst aber nicht das Ziel ist.

Warum?

Weil es richtig ausgedrückt eigentlich kein Ziel geben kann. Sie sind bereits das Ziel, halten aber an der Idee fest, am Start zu stehen. Sie sehen sich dort, wo Sie eigentlich gar nicht sind. Sie erleben sich als etwas, das Sie niemals gewesen sind. Sie glauben an ein Leben, das es so, wie Sie es erleben, nie wirklich gegeben hat.

Die Idee eines Individuums (das getrennt von anderen Körpern auf der Erde lebt) ist es, was Ihr Leben ungemütlich und schwierig macht. Wie wollen Sie Ihr Leben verändern, wenn es gar nicht das ist, wofür Sie es halten?

Wie wollen Sie etwas ändern, wenn Sie ebenfalls etwas anderes sind, als wofür Sie sich halten? Eine knifflige Situation. Verzwickt und verwirrend ist die Sicht des verirrten Menschenherzens.

Irgendwann müssen Sie sich entscheiden, ob Sie Ihr irdisches Ich glücklich machen und zufriedenstellen wollen oder ob Sie einfach grundlos glücklich sind, weil Sie ohne ersichtlichen Grund in Ihrem Selbst ruhen. Das sind zwei ganz verschiedene Wege und Sie können nicht beide gleichzeitig beschreiten. Man kann nicht zwei Herren dienen, Gott und dem Mammon. Der eine Weg ist der Weg der Illusion. Es ist der Weg, der vom Ich beschritten wird. Der andere Weg ist der Weg der Wahrheit, der vom Selbst nicht erlebt werden kann und deshalb das Ich miteinbezieht, um sich selbst zu erfahren.

Der Ich-Weg führt also zum Selbst, deshalb braucht und kann man den Ich-Weg nicht ablehnen und ihn auch nicht weghaben wollen. Er dient dem Selbst, doch während man diesen Ich-Weg auf dem Weg zum Erwachen nutzt, sollte man die Eigenschaften des Ichs nach und nach hinter sich lassen.

Wünsche braucht es nicht und das Wollen darf man auch loslassen. Man braucht nichts wollen und wünschen, sondern soll dem Leben einfach seine Entwicklung lassen, ohne sich ständig einzumischen. Das Ich mischt sich ein, das Leben nicht. Das Selbst ist Liebe und Liebe, die sich nicht einmischt, ist der All-Geist, die Grundlage des Seins, das Selbst.

Es wird Zeit, aufzuwachen und ins Sein zurückzukehren. Es gilt, das Leben als das eine Sein zu erleben und die Illusion zu überwinden. Dies gelingt nur, wenn Sie das Leben als Täuschung demaskieren, das heißt, Ihr reines Sein als Ihre wahre Wirklichkeit realisieren. Es gibt keinen Weg, um bei sich selbst anzukommen. Sie können meditieren und Übungen ausführen, die Sie zwar ruhiger machen, Sie jedoch nicht in die Wahrheit führen werden. Auf der Ebene der Wahrheit gibt es keine Übungen und auch keinen Meditierenden.

Erinnern Sie sich also an den Schlüssel, der Ihnen das Tor in die ewige Heimat öffnen wird.

Er heißt: erinnern!

Vollenden Sie Ihre geistige Geburt, die Geburt zu sich selbst, und leben Sie aus der Weisheit des einen Seins, im absoluten Bewusstsein. Ihr Leben wird dann zu einem einzigartigen und wunderbaren faszinierenden Abenteuer. Jeder Tag ist ein Geschenk.

Als Selbst werden Sie das auch so empfinden. Jetzt wissen Sie vielleicht, dass jeder Tag kostbar und wunderschön ist, aber fühlen Sie das auch so? Wenn Sie nur einen Moment lang unzufrieden sind, sich etwas wünschen, etwas anders haben wollen oder mit etwas oder jemandem nicht einverstanden sind, dann ist das Ihr Ego, was etwas anders haben möchte.

Hier steht Ihnen das Ich im Weg, das Selbst ruht in sich. Das bedeutet nicht, dass das Leben als Selbst nur noch eitler Sonnenschein ist. Natürlich geschehen Dinge, die Sie vorher als unangenehm empfunden haben, doch Sie identifizieren sich nicht mehr damit. Da ist niemand mehr, der feststellen könnte, dass etwas schiefgelaufen ist. Das Ich ärgert sich, wenn ihm ein Tablett mit Gläsern runterfällt. Dem Körper aber, der sich nicht mehr auf sich selbst bezieht, kann ebenfalls etwas runterfallen, aber er ärgert sich nicht darüber. Er stellt einfach nur fest, dass etwas runtergefallen ist. Macht ja nichts. Einmal fällt was runter, einmal nicht. Dinge geschehen einfach, das ist der Lauf der Dinge.

Aber warum sollten wir uns daran stoßen?

Das macht einen nur unglücklich und unglücklich ist immer nur das Ich.

Das Ich, das sich selbst als Farce durchschaut hat, sieht etwas runterfallen, holt den Besen und kehrt die Scherben zusammen. Es handelt also auch, aber es stößt sich nicht an dem Geschehnis, weil ihm bewusst ist, dass es nicht der Handelnde ist. Es weiß, dass es nichts getan hat und dass niemand schuld ist. Es ist einfach passiert. Klingt simpel und auch sehr leicht.

Das Ich will aber nicht, dass etwas passiert, was ihm gegen den Strich geht, ihm nicht in den Kram passt. Also ist der Widerstand derSituation gegenüber das eigentliche Problem, was dem Selbst natürlich fremd ist.

Eintreten in neue Dimensionen

Treten Sie bewusst durch die Tür des Augenblicks in Ihre natürliche Vollkommenheit dieses einen einzigen Augenblicks ein und erleben sich bei allem, was Sie gerade erleben, in der Vollkommenheit des Jetzt. Das ist kein fernes Ziel, kein langer Weg, sondern nur ein Schritt des Erinnerns, oder wie lange glauben Sie, zu brauchen, um der zu werden, der Sie schon immer waren und sind?

Durch dieses Erinnern haben Sie Ihre Geburt, nämlich die zu sich selbst, vollendet und leben ab sofort bewusst als Selbst. Dieses Selbst lebt im Körper, definiert sich aber nicht über ihn. Es weiß, dass es diesen Körper gibt, doch ist es sich seines eigentlichen Stellenwerts voll bewusst. Ich wiederhole: Dieses Erwachen zu sich selbst ist nichts Besonderes, auch wenn fast jeder Mensch danach sucht.

Es geschieht in einem einzigen Augenblick genau dann, wenn Sie sich an Ihre eigentliche Wesensform erinnern. Ich sage immer, dass es nur ein Schritt ist. Sehen Sie das bitte nur symbolisch. Sie sollten es nicht wortwörtlich nehmen, da man es nicht verstehen kann. Erwachen ist eine Herzensangelegenheit und nicht die des Verstandes. Wie soll ich etwas erklären, was sich nicht erklären lässt?

Ein schwieriges Unterfangen. Sie können in dieses höchste Bewusstsein also nicht wortwörtlich eintreten, weil Sie nie draußen waren. Sie sprechen immer in der Ich-Form. Ich gehe einkaufen. Ich bin krank.

Ich will …

ich möchte …

Ich habe … Dieses Ich ist das persönliche Ich, das Sie aber nicht sind. Ihr und unser aller ursprüngliches Wesen heißt eigentlich Ich. Es ist das höchste Ich. Irgendwie versucht sich dieses niedrige Ich als wahres Ich zu verkaufen. Aber es ist wie bei Falschgeld. Eines Tages bemerkt man den Irrtum.

Das Ich-bin ist das höchste und unpersönliche Ich und ist genau das, was wir wirklich sind. Das persönliche Ich ist die Ausdrucksform, über die sich der Körper definiert. Es schenkt Ihnen die Möglichkeit, sich über einen Körper selbst zu erfahren.

Dabei denken wir aber, dass wir dieser Körper sind, und reduzieren uns auf ihn. Anstatt den Körper dazu zu nutzen, uns selbst zu erforschen und das Geheimnis des Lebens zu entschleiern, bleiben wir in der begrenzten Ich-Sicht verhaftet und setzen einfach voraus, dass alles, was wir über diese wahrnehmen, Realität ist. Sehr leichtgläubig ist das und das wird uns weiterhin viele Schmerzen zufügen. Wie sonst kommen wir wohl auf die Idee, endlich nach uns selbst, unserem Selbst, Ausschau zu halten? Erst wenn es ungemütlich wird, bewegt sich der Mensch. Vorher hat er es bequem und lebt so irgendwie vor sich hin.

Ist das Fass aber am Überlaufen und wird es so richtig ungemütlich, dann beginnt er zu suchen, zu bitten oder zu beten. Sich einer höheren Macht hinzuwenden, kommt also erst dann ins Spiel, wenn es grenzwertig wird und die Schmerzgrenze erreicht ist.

Ist das nicht unhöflich?

Warum wenden wir uns erst nach innen, wenn der Hut brennt?

Sollten wir uns nicht immer nach innen wenden, nicht erst dann, wenn wir Hilfe brauchen?

Grüßen wir Menschen erst dann, wenn wir ihre Hilfe benötigen, oder grüßen wir sie immer?

Lächeln wir erst jemandem zu, wenn wir ihn als Unterstützung benötigen, oder tun wir das auch ohne Grund?

Ist es wirklich so schwierig, inmitten des Alltagstrubels etwas achtsamer, bewusster und liebevoller zu sein?

Brauchen wir die eine Kraft in unserem Inneren erst dann anzurufen, wenn es uns schlecht geht? Würden wir dies bereits tun, wenn wir uns gut fühlen, würde unser Leben komplett anders verlaufen. Das ist gewiss.

Jede Transformation beginnt mit dem Loslassen. Bevor Sie in ein ganz neues Leben eintreten können, müssen Sie das bisherige Leben hinter sich lassen.

Das bedeutet nicht, zu kündigen, den Partner rauszuwerfen, die Kinder zu verlassen, Hab und Gut zu verschenken und die Wohnung zu wechseln. Vielmehr bedeutet es, sich von alten Gewohnheiten, Unsicherheiten, Programmen, Verhaltensmustern, Meinungen, Fehlsichten, Irrtümern, falschen Vorstellungen, der begrenzten Wahrnehmungsform und der Unwissenheit um unser wirkliches Sein zu verabschieden.

Natürlich kann eine Tätigkeit oder eine Beziehung beendet werden, doch das Problem liegt ja nicht im Außen, es hat seinen Ursprung im Inneren. Im Außen etwas zu verändern, ändert nicht die Ursache. Wer die Wand rot anstreicht, weil das Weiß zu eintönig war, wird auch irgendwann das Rot satthaben. Die Augen zu verschließen, wenn ein zähnefletschender Hund auf einen losgeht, kann ebenfalls nicht die Lösung sein. Die Veränderung im Außen wandelt nur den Schein, jedoch nicht das Problem an sich. Negatives Denken, Ärger, Stress und Sorgen können wir getrost hinter uns lassen, sie haben nichts mit uns zu tun, außer wir beziehen uns darauf. Natürlich hat es mit dem Menschsein, dem Ich zu tun, nicht aber mit dem Selbst als unsere eigentliche Wesensform. Die Kraft der Gedanken ist mächtig.

Sie können alles in Erscheinung treten lassen, wonach Ihnen ist. Das Leben tritt ständig in irgendeiner Form in Erscheinung: Situationen, Begegnungen, Objekte etc. Wir bemerken aber nicht, dass unsere Gedanken diese Formen in Erscheinung rufen. Wer sich einen Partner wünscht, aber nicht ins Leben treten möchte und nur mit Abwesenheit glänzt, ist der Meinung, dass er nicht fähig ist, Dinge zu materialisieren oder entstehen zu lassen. Dies täuscht. Er hat durch sein Mangelbewusstsein die Abwesenheit seines Partners materialisiert, auch wenn diese unsichtbar ist.

Er hat die vorigen Partnerschaften erschaffen, seinen Job erzeugt, seine Mitmenschen ins Leben gerufen etc. Das alles sieht er nicht, weil er glaubt, dass dies Zufälle sind oder es sein Schicksal ist. Schicksal ist aber nichts weiter als die Wirkung einer Ursache, die wir durch unsere Gedanken, unser ganzes So-Sein erschaffen haben. Also materialisieren und erschaffen wir ständig, wir merken es nur nicht. Wir müssen uns dessen gar nicht bewusst sein, unbewusst formen wir unser Leben in jedem Augenblick sowieso immer wieder von Neuem. Das ist eine Tatsache, die wir nicht weiterhin ignorieren sollten.

Warum?

Verläuft unser Leben einmal etwas ungemütlich und schräg, dann können wir anders damit umgehen, wenn wir wissen, dass dies nur Nachwehen unseres So-Seins sind. Und wir können gleichzeitig durch liebenswerte Gedanken, Gesten und Taten Ursachen setzen, an deren Wirkung wir uns eines Tages erfreuen können.

Dies sollte Ihr Hobby oder Ihre Freizeit-beschäftigung sein: liebevolle Ursachen setzen! Tennisspielen mag dem Körper guttun, ist aber ein Hobby, das keine guten Samen sät. Dies sollten wir bedenken. Es ist neutral und nicht schlecht, schadet niemandem und macht Spaß, aber reicht es aus, Spaß zu haben?

Ist es nicht sinnvoller, bewusst an seinem Schicksal zu feilen und dazu beizutragen, dass es angenehmer und freudvoller wird?

Auf los geht's los!

Loslassen ist das vielleicht faszinierendste Abenteuer, das das Leben zu bieten hat, und wenn Sie alle unvollkommenen Muster, Programme, Gewohnheiten und Eigenschaften losgelassen haben, sind Sie vollkommen. Vor allem sollten Sie diejenigen loslassen, die die Verwirklichung Ihrer Lebensabsicht be- oder gar verhindern. Damit ist das Ich gemeint, das sich ständig selbst im Weg steht. Der Mensch hat so eine ungute Gewohnheit: Er hat sich über sich selbst ein Bild gemacht. Zum einen setzt sich das aus der Sicht, wie man sich selbst wahrnimmt, zusammen und zum anderen daraus, wie man von anderen wahrgenommen wird.

Der Vater, der immer sagt, wie faul man ist, der Chef, der immer sagt, wie fleißig man ist, beide tragen dazu bei, dass man von sich selbst ein Bild gewinnt, das aber nur ein Bild ist. Tatsächlich kann man nicht so sein, wie man sich selbst sieht oder andere uns sehen, weil eine Eigenschaft nur dem Ich anlastet und mit dem Selbst niemals in Berührung kommt. Es ist aber nicht das Ich, das Sie sind. Das Ich ist der Teil, über den sich

Ihr Selbst als Ihre eigentliche Identität definiert. Den Kranken oder den Armen, den Dicken oder Erfolglosen können Sie loslassen.

Wenn Sie sich über ihn definieren, werden Sie leiden, da führt kein Weg daran vorbei. Der Ängstliche und der Unentschlossene waren Sie auch nie, es sind Eigenschaften, die niemandem gehören, außer man identifiziert sich damit.

Sie sind mit einer ganz bestimmten Absicht in dieses Leben gekommen. Die Absicht ist immer die Selbsterkenntnis. Aufwachen aus dem Traum, ein Ich zu sein. Glücklich werden und ein erfolgreiches und erfülltes Leben erleben, können Sie nur dann, wenn Sie diese Absicht erkennen und leben.

Damit Sie diese Absicht erkennen, schickt Ihnen das Leben netterweise immer wieder Botschaften, um Sie an Ihre Absicht zu erinnern und es bietet Ihnen immer neue Chancen, damit Sie diese Absicht auch wahrhaftig verwirklichen.

Die Lebensabsichts-Verwirklichung besteht aus mehreren Stationen. Es sind meist mehrere Leben, in denen immer neue Eigenschaften und Erfahrungen dazukommen, die in Wirklichkeit nicht neu sind, sondern nur geruht haben. Niemand weiß, welche Wirkung wann eintreffen wird, weil niemand weiß, welche Ursachen er gesetzt hat. Für die einzelnen Lebensabschnitte haben wir unterschiedliche Berufe, Mitmenschen,

Orte und Partner. Ausserdem hat jeder Partner, der uns begleitet, seine Lebensabsicht und Aufgaben zu erledigen und wir kennen ihn aus anderen Leben schon sehr, sehr lange. So müssen wir immer wieder loslassen, nachdem wir uns begegnet sind und wir allein entscheiden, wie das von sich gehen soll. Unser Verhalten, unsere Reaktion und Reife wird darüber entscheiden, wie wir es erleben dürfen – ob es als schmerzhafter Vorgang erlebt wird, oder so natürlich geschieht, wie sich das Blatt im Herbst vom Baum lösen kann. So werden wir leicht und frei oder auch vorbelastet und verkrampft in die neue Aufgabe eintreten.

Und auch hier sehen wir, dass die Voraussetzung, wie wir mit Situationen umgehen, bereits wieder eine Ursache ist, deren Wirkung uns eines Tages widerfahren wird. Wir können es aufgrund unserer Prägungen und Gewohnheiten nicht immer bewusst lenken, aber wir können uns bewusst darum bemühen, lockerer und gelassener zu reagieren und zu agieren. Dies ist gewiss ein Schlüssel zu mehr Freude, Glück und Lebensmut.

Loslassen bedeutet auch, nicht so verbissen zu sein und an allem anzuhaften, alles persönlich zu nehmen und umklammern zu wollen. Wie könnte es leichter, gelassener und entspannter werden? Sie genießen die Ereignisse des Lebens wie eine Melodie und schauen sich bewusst einen Film an, der den Titel „Mein Leben" trägt. Es ist ein interaktiver Film, in dem Sie Drehbuchautor, Regisseur und Hauptdarsteller in einem sind und Sie können jederzeit alles anders gestalten. Sie bestimmen, wie es weitergeht und vor allem, als wer Sie diesen Film erleben. Gibt es ein Happy End, oder bleibt es ein Drama? Das liegt an Ihrer Sicht der Dinge und daran, aus welcher Perspektive Sie den Film erleben. Sind Sie der Zeuge, der Zuschauer oder erleben Sie sich noch als Darsteller?

Der Darsteller im Film erlebt Höhen und Tiefen, erfährt Freude und Schmerz. Der Zeuge beobachtet das Geschehen, ohne sich auf den Darsteller zu beziehen. Diese Haltung ist schmerz- und sorgenfrei, sie ist göttlich und leer. Sie haben eine höhere Instanz in sich, die alles weiß und Ihnen sagt, dass Sie nicht das sind, wofür Sie sich halten.

Sie sind nicht der, der redet, denkt und isst, schläft, träumt und lernt. Bei anderen Menschen verhält es sich genauso. Jeder ist ein Werkzeug der einen Kraft und wirkt für diese auf Erden. Jedes Individuum hat seine Eigenschaften und menschlichen Vorlieben, Gewohnheiten und Eigenheiten. Am besten ist es, Sie verschmelzen mit dem, den Sie als anderen bezeichnen, und spüren, worum es wirklich geht. Ganz gleich, weshalb der andere zu Ihnen kommt, in Wirklichkeit will er, dass Sie ihn aufwecken und an sich selbst erinnern. Da jeder eine Lebensberaterfunktion in sich trägt, ist es von Vorteil, diese zu optimieren. Um zielsicherer, vertrauensvoller und zufriedener durch das Leben zu gehen und auch andere im Hinblick auf diese Eigenschaften zu stärken, sollten Sie ganz bewusst zum Lebenskenner werden. Das Potenzial sollte nicht nur in Ihnen schlummern, sondern sinnvoll genutzt werden. Am besten sofort und nicht erst in der Zukunft.

Wo ist die Zukunft jetzt?

Jetzt ist jetzt und morgen wird auch wieder jetzt sein. Kümmern Sie sich um den Augenblick und füllen Sie ihn aus, so gut es geht. Seien Sie nachsichtig mit sich, gehen Sie bewusst und achtsam durch das Leben, damit auch andere davon profitieren können. Wie schön es doch ist, sein Leben gezielt zu lenken und auch andere in einen sicheren Hafen zu steuern, sie aufzufangen in Situationen der Trauer und des Leids, einfach da und ein Anker für sie zu sein. Aber was ist ein Lebensberater?

Ist das ein Beruf?

Nein, es ist gewiss nicht nur ein Beruf, da die Eigenschaften eines Lebensberaters nicht nur privilegierte oder ausgesuchte Menschen besitzen. Natürlich kann man seine Fähigkeiten in diesem Beruf ausbauen und optimieren und eventuell ein finanzielles zweites Standbein schaffen. Oder Sie machen diese wunderbare Tätigkeit zu Ihrem Beruf. Warum nicht? Was spricht dagegen?

Der wahre Lebensberater ist für sich selbst und sein Umfeld immer da. Er lebt für die Menschen und weiß, dass ihm das Leben eine große Aufgabe zugeteilt hat. Für andere da zu sein, ist eine große Aufgabe, eine Herausforderung, der sich zwar jeder stellen, der aber nicht jeder gewachsen ist. Es ist schon eine Berufung, zur richtigen Zeit am richtigen Ort zu sein und das Richtige zu tun und zu sagen.

Vielleicht sehen sich bereits viele Menschen als Lebenslehrer, weil sie sich aufgrund ihrer Erfahrungen sehr viel Wissen angeeignet haben, das sehr kostbar ist, weil es erlebt und erprobt worden ist. Was einem selbst weitergeholfen hat, kann auch anderen eine Hilfe sein. Das muss im umgekehrten Fall aber dennoch nicht zwingend sein.

Da jeder Mensch seinen ganz eigenen Weg geht, bedeutet es noch lange nicht, dass das, was bei Ihnen funktioniert hat, auch beim anderen etwas bewegen muss. Deswegen ist der Lebensberater ja eine ganz besondere Aufgabe, eine Gabe, sich in Menschen hinein zu fühlen und sie nicht mit Pseudo-Vorschlägen und Ratschlägen von der Stange zu beglücken. Ratschläge sind Schläge. Sich wirklich in eine schwierige Lage hineinzuversetzen, ist gar nicht so einfach, weil man ja nicht selbst drinsteckt.

Was für den einen ein Drama ist, ist für den anderen ein Witz. Wo Sie ein Problem haben, kann ein anderer vielleicht gar keines sehen – es betrifft ihn ja nicht. Sie stecken mitten in einer Lebenskrise, weil sich Ihr Partner scheiden lassen will und ein Bekannter, dem Sie das erzählen, meint, dass Sie doch froh sein sollten, dass Sie ihn endlich loshaben. Nun, mit dieser Aussage rechnet wohl keiner, und auch wenn es stimmt, wollen Sie das in diesem Moment sicher nicht hören.

Auch braucht es kein Mitleid, denn Selbstmitleid ist Gift und in dem badet man meistens ja schon alleine.

Da braucht man nicht noch jemanden dazu, der dies bestärkt. Also, was sagt man am besten? Nichts?

Und was für ein Lebensberater sind Sie?

Den Weg zum wahren Glück wird der berufene Lebensberater sicher finden, denn er ist bodenständig und geistig wach. Er vereint alle Eigenschaften in sich, ohne eine davon mehr zu mögen. Er akzeptiert sein So-Sein, die Lebensumstände und alles, was sich ergibt, weil er frei von Widerständen ist. Für den, der ohne Widerstände ist, erhält das Wort „Akzeptanz" eine andere Bedeutung.

Akzeptanz ist ein großes Wort und der Mensch hört es gern, wenn ihm Toleranz zugeschrieben wird. Doch Toleranz und Akzeptanz bedeuten für viele Menschen nur ein Dulden des So-Anders-Seins. Wahre Akzeptanz ist etwas ganz anderes. Es bedeutet, mit sich und der Welt im Reinen zu sein und zu wissen, dass kein Mensch anders handeln kann, als er es tut.

Dass alles in Ordnung ist, auch wenn man es selbst ganz anders empfindet. Ich muss nicht damit einverstanden sein, dass der Wasserfall talwärts strömt, das tut er sowieso. Ich brauche es auch nicht zu tolerieren, würde es mir gegen den Strich gehen, würde das auch nichts ändern. Ich kann also absolut damit im Reinen sein, dass es die Eigenschaft des Wassers ist, von den Felsen ins Tal zu fallen. Und genauso kann ich es gutheißen, wie Menschen sich verhalten. Es gibt keine anderen, deshalb nehmen wir sie so, wie sie sind. Sie sind gut, wie sie sind, sonst wären sie anders.

Mit den Lebensumständen verhält es sich genauso. Alles ist dem Wasserfall ähnlich. Es ist, wie es ist, und braucht unsere Akzeptanz **nicht**. Was vonnören ist, ist ein anderes Verständnis, eine neue Art und Weise, sich die Dinge etwas genauer anzusehen und sie nicht nur oberflächlich zu betrachten.

Das ist die Kunst und genau so ist der wahrhaftige Lebensberater, der sich nicht nur mit der Bezeichnung an sich brüstet, sondern aus sich heraus ganz natürlich zu diesem Ur-Wissen erwacht, das es nur im Herzen zu finden gibt. Bücher können hilfreich sein, aber das wirklich wertvolle Wissen trägt jeder Mensch in sich. Und genau dieses benötigt der Lebensberater, weil er zu dem wird, was sich in ihm verbirgt. Er mutiert vom Ich zum Selbst, er taucht aus dem Traum in die Realität ein, die er in Wirklichkeit nie verlassen hat.

Seine Aufgabe besteht nicht darin, neue Techniken zur Problemlösung zu entwickeln, sondern zu entdecken, dass die Ursachen von Problemen im Menschen vorhanden sein müssen, bevor sie sich im Außen zeigen können. Es geht also nicht darum, Probleme zu lösen, sondern zu erkennen, dass Probleme nur auf der Ich-Ebene angesiedelt sind. Also geht es darum, die Ebene zu wechseln.

Auf der Ich-Ebene wird es immer Probleme geben, weil einem Tief ein Hoch folgen wird und nach Regen die Sonne scheint. Dieser ewige Wechsel ist unvermeidbar, weil das Leben nun mal ein Wechselspiel ist. Es wechselt von einem Zustand zum nächsten und kaum ist dieser eingetreten, ist er auch schon wieder vorbei.

Ist es also sinnvoll, ein Problem nach dem anderen aus dem Weg zu räumen, was sowieso nicht funktionieren kann, oder ist es besser, zu erkennen, wo Probleme ihre Ursache haben? Wenn Sie einen Löwenzahn ohne Wurzel entfernen, wird er nachwachsen.

Vielleicht merken Sie es anfangs nicht gleich und freuen sich irrtümlicherweise darüber, dass dieses lästige Unkraut (wie Sie es nennen) endlich von der Wiese eliminiert wurde. Ein paar Tage später sind schon wieder Blätter zu sehen. Na so was. Wie lästig das ist.

Wie kann es das geben!

Sie haben den Löwenzahn doch beseitigt. Aha, Sie haben nur die Blätter abgerissen und nicht berücksichtigt, dass es auch eine Wurzel gibt. Man mag sie nicht sehen und doch ist sie da. Und genauso verhält es sich mit Problemen. Was nutzt Ihnen eine oberflächliche Lösungsstrategie, wenn die Wurzel bestehen bleibt?

Vielleicht scheint das Problem gelöst zu sein und für wenige Augenblicke scheint wieder die Sonne. Doch es kommt wieder! Vielleicht etwas anders verpackt, anders verkleidet. Nicht sogleich ist klar, dass einen schon wieder dasselbe Problem heimsucht. Es braucht eine gewisse Zeit, um zu erkennen, dass hier immer dasselbe Muster abläuft, lediglich Ort, Menschen und Gegebenheiten zeigen sich in einem anderen Licht. Dasselbe in Grün. Wieder einmal!

Also packen wir das Problem an den Wurzeln, die immer unter der Oberfläche liegen und deshalb für das menschliche Auge völlig unsichtbar sind und auch unsichtbar bleiben werden. Das Herz kann sie sehen, doch dafür muss es sich öffnen. Wenn die Ich-Ebene die Problemzone ist, was ist dann die Ebene des Selbst?

Ist das überhaupt eine Ebene und gibt es dort nur Sonnenschein? Auf allen Ebenen kann es regnen und schneien, stürmen und tosen, doch auf der Ebene des Selbst ist das Ich, das sich früher über die Stürme aufgeregt und geärgert hat, nicht mehr aktiv. Auf der aktiven Ich-Ebene ist Kummer vorprogrammiert, weil dort alles durchlebt werden muss und gleichzeitig vorhanden ist. Auf der Ebene des Selbst definiert sich niemand mehr über den Körper, auch wenn das Ich als Mensch noch sichtbar ist. Er lebt wie jeder andere inmitten von Menschen und doch bleibt er von allem unberührt.

Das bedeutet jedoch nicht, dass er gefühlskalt ist. Nein, ganz im Gegenteil, er ist einfühlsamer als je zuvor, doch er hat durchschaut, dass er nicht dieses Ich ist, genau so, wie er auch seine Eigenschaften nicht sein kann. Er bezieht sich nicht auf ein Stück Fleisch, weil er kein „Er" mehr ist.

Er ist wesentlich **mehr** als ein „Er". Er, also dieses Mehr, lebt so, als wäre alles wie immer. Ist es ja auch. Wir sind immer dieses eine Selbst, wir haben es nur vergessen. Wir leben in der Einbildung, diese Hülle zu sein, durch die unser eigentliches Sein wirkt.

Die Aufgabe des Lebensberaters ist es also, anderen Menschen nicht nachzulaufen und ihnen bei ihrer Problemlösung zu helfen. Dies ist ein Irrtum, wird aber eigenartigerweise vielfach so verstanden und gesehen. Der reife Lebensberater lebt aus der Selbst-Ebene heraus als dieses *eine höchste und wahre Ich* (das wir hier Selbst nennen) und weiß, dass er dieses niedrige und unwahre Ich niemals gewesen ist. Aus dieser neutralen und erwachten Haltung heraus ergeben sich sogenannte „Hilfestellungen" und „Ratschläge" ganz von selbst, ohne jemanden zu „bevormunden".

Es ist keine herkömmliche Hilfe, sondern ein Anstoß, der den anderen die Wurzeln seiner Probleme erkennen lässt. Sie sprudeln aus ihm hervor und er kann sie anderen so weitergeben, ohne bekehrend zu wirkenSomit ist der wahre Lebensberater ein Sprungbrett. Der andere steht vorne und wippt bereits, traut sich aber nicht, zu springen.

Er ist ängstlich, will umkehren und weiß keinen Ausweg mehr. Der Lebensberater vermittelt ihm unbewusst, dass er springen kann und der Sprung endet im Selbst, wo wahres Leben beginnt. Und wie oft steht man selbst ganz vorne am Brett und ist ratlos und irritiert. Die optimale Selbstberatung ist die des Selbst. Wer die Ebene des Egos verlässt und die Selbst-Ebene betritt, wird vom Kopf her nicht wissen, was er zu tun hat: ER TUT ES EINFACH!

Und dies ist der Unterschied. Wer aus sich selbst heraus schöpft, braucht nichts zu wissen, er handelt intuitiv und spontan, ohne zuvor etwas gedacht zu haben.

Der Lebensberater erwacht zu sich selbst und tut aus der Weisheit des Seins automatisch das Richtige. Nur so können auch Sie sich selbst und für jeden, der zu Ihnen kommt, wirklich eine Hilfe sein. Jeder, der auf Sie zukommt, dem Sie begegnen, wird automatisch auch zu Ihrem Lehrer. Er hilft Ihnen dabei, noch mehr zu sich zu erwachen. Es gibt keine Begegnung, die nicht fruchtbar wäre.

So ist es gewollt.

Und es ist hochmütig, zu glauben, dass nur Sie dem anderen etwas lernen können. Meistens bekommt der, der das glaubt, die größeren Belehrungen, ohne es zu merken. Doch wer hinsieht, erkennt, dass es immer nur eine Gegenseitigkeit sein kann und alles ein Austausch ist. Sie begegnen immer nur sich selbst und deswegen kann es nur gut sein. Oder finden Sie sich nicht gut?

Ein „normaler" Lebensberater berät aus der Fülle seiner Lebenserfahrung heraus. Er hält eine Reihe von geistigen Werkzeugen und Techniken zur Problemlösung parat und hilft Menschen dabei, ihre Lebenssituationen leichter zu bewältigen, ihre Lebensaufgabe zu „lösen". Anders verhält es sich mit dem „spirituellen" Lebensberater.

Er ist zu sich selbst erwacht, also zu Bewusstsein gekommen, und hat sein inneres Zentrum der Weisheit aktiviert, das die Lösung für jede Aufgabe weiß und die Antwort auf alle Fragen kennt. Der spirituelle Lebensberater kann auf diese Weise nicht nur jede Aufgabe optimal lösen und jede Frage beantworten, er kann auch immer die richtige Entscheidung treffen. Er weiß auch, dass es keine falschen Entscheidungen gibt, dass jede Entscheidung nur so sein kann, wie sie ist. Da er seine eigene geistige Geburt vollendet hat, ist er auch anderen ein idealer „Geburtshelfer".

Der Anlass dafür, weshalb der andere zu Ihnen kommt, mag vielleicht ein Problem oder eine schwierige Lebenssituation sein, der wahre Grund ist aber immer ein anderer. Nämlich der, dass er dazu bereit ist, zu sich selbst zu erwachen und einen geistigen und spirituellen Geburtshelfer braucht, auch wenn er es gar nicht weiß. Das Problem ist also niemals das Problem, und wenn Sie versuchen, „nur" dieses zu lösen, haben Sie die eigentliche Aufgabe noch nicht erkannt. Doch auch Erkennen geschieht oder geschieht nicht.

Sobald Sie im Jetzt leben und sich als Selbst erfahren haben, agieren Sie aus dem ewigen zeitlosen Kontinuum und können gar nichts mehr falsch machen. Sie handeln somit dem höchsten Willen entsprechend, genauso wie es ein wirklicher spiritueller Lebensberater tut. Der weiß nämlich auch, dass jeder, der zu ihm kommt, eine wichtige Botschaft mit sich trägt. Jede Begegnung ist eine Bereicherung, ein Geschenk Gottes, das niemals ohne einen Hinweis *für uns* zu uns findet.

Ein paar Worte zur Kommunikation

Jeder Gedanke, jedes Gefühl, jede Überzeugung, aber auch jedes Wort hat eine entsprechende Wirkung auf Ihren Körper, seine Gesundheit und sein Alter. Es findet also eine ständige Hyper-Kommunikation zwischen Ihrem Geist und Ihrem Körper statt. Diese Hyper-Kommunikation ist viel wirksamer (zuverlässiger und von Natur aus ohne Nebenwirkungen) als das stärkste Medikament.

Am stärksten wirkt diese Hyper-Kommunikation, wenn sie mit einem starken Gefühl, mit Wohlwollen, Liebe und Dankbarkeit verbunden ist. Hier liegt Ihre wahre Macht. Doch jeder klitzekleine Gedanke ist ein Samenkorn und jeder einzelne wird Früchte tragen. So verhält es sich auch mit Gefühlen, Worten und Taten, das sind alles nur Samen. Doch bleiben wir vorerst bei der Kommunikation.

Die Kommunikation mit sich selbst ist etwas, was enormen Einfluss auf die Lebensumstände ausübt. Daher ist es hilfreich, einmal genauer dahin zu schauen. Woran denke ich immer wieder? Wie denke ich von mir selbst? Von den anderen? Denke ich erhebend oder abwertend? Positiv oder negativ? Liebevoll oder eher aggressiv? Denke ich im Mangel, wie zum Beispiel à la „das geht nicht", „das kann ich nicht", „das funktioniert sowieso nicht", „das schaffe ich nie"?

Oder ist mein Gedankengut – wie schon der Name sagt – „gut", wie etwa: „oh, das schaffe ich sicher ganz leicht", „das funktioniert fabelhaft", „ich kann das", „ich freue mich auf diese neue Herausforderung" usw. Spüren Sie den Unterschied?

Das Leben wird nur das ausführen und zeigen, wie Sie es (sich) denken. Wie Sie über das Leben und sich selbst denken und sprechen, wird Ihre anschließenden Handlungen bestimmen. Und diese Handlungen, die geschehen. Sie glauben zwar, dass Sie sie selbst bestimmen und lenken können, doch in Wirklichkeit steht Ihre Handlung schon fest, bevor Sie etwas tun. So bestimmt das Leben, was Sie tun oder nicht tun, weil Sie in Ihrer Begrenzung nur einer Vorgabe folgen, die geistigen Ursprungs ist.

So wie Sie auf der Autobahn nicht einfach dort abbiegen können, wo es Ihnen gerade beliebt, so hat auch das Leben seine Linien. Diese Linien basieren auf Ihrem geistigen Gut, Ihren Eigenschaften, Vorstellungen und Neigungen. Gott handelt durch jedes Gefäß gleich. Das

Ergebnis wird bei einem verschmutzten Gefäß aber nicht gleich ausfallen wie bei einem glasklaren. Die Lebensumstände sind also immer so „rein", wie es das Gefäß ist. Also ist auch bei der Kommunikation auf die Reinheit zu achten.

Was ist notwendig?

Was kann ich mir sparen?

Welche Wörter sind überflüssig?

Welche Gedanken spreche ich besser nicht aus? Schaden die Worte jemandem, so sollte man sie in jedem Fall für sich behalten. Jedes verletzende Wort trifft nicht nur den anderen, sondern in erster Linie mich selbst. Ich füge mir dadurch nur selbst Verletzungen zu. Wer diese Weisheit erkennt, wird seine Kommunikation viel wacher gestalten.

Alles im Leben bedeutet Kommunikation, auch wenn wir nicht sprechen, kommunizieren wir auf der emotionalen gefühlsmäßigen Ebene. Gewiss ist: Ein kommunikativer Austausch geschieht ständig, ob uns das bewusst ist oder auch nicht. Daher beobachten wir unsere Gedanken, Worte und Taten und natürlich auch unseren Selbstausdruck. Daraus wird schlussendlich unser So-Sein ersichtlich, das unser Leben formt.

Das Leben ist nicht unerträglich, weil das Schicksal es so will. Das Leben ist unerträglich, weil wir selbst uns nicht ertragen und nicht bereit sind, das mit den Gegebenheiten zu tun.

Energie-Management für ein lebenswertes Leben

Die Instrumente für Ihr Energie-Management sind: Ihr Selbstbild, die Ausrichtung Ihres Schicksalsauswahl-Empfängers Aufmerksamkeit, Ihre Überzeugungen und Ihr Glaube. Aber auch die Macht Ihrer Gefühle ist ein wichtiges Instrument, weil Gefühle wirklichkeitsschaffende Kräfte sind.

Der Gedanke ist der erste Impuls, die Vorstellung gibt ihm die gewünschte Form. Die Macht der Gefühle verleiht den Gedanken die Kraft der Verwirklichung. Somit sind also Gedanken ein wichtiges Instrument. Weitere Instrumente: das „richtige" bzw. angemessene Handeln! Dazu gehört auch die Fähigkeit, stets die „richtigen" bzw. passenden Entscheidungen zu treffen. Auch der Umgang mit Ärger, Stress, Angst und Aggressionen sowie das Auflösen dieser unerwünschten Energien, *bevor* sie als Ereignis in Ihrem Leben in Erscheinung treten können, gehören dazu.

Das Auflösen geschieht jedoch nicht durch ein konkretes Tun oder durch eine Maßnahme, die Sie ergreifen müssen. Es einfach sein und geschehen zu lassen, wie es sich im Moment zeigt, ist bereits der Beginn der Auf-Lösung. Akzeptanz ist die Lösung. Es geht aber nicht darum, annehmen zu müssen, sondern um das Verständnis für den Lauf der Welt.

Das Verständnis dafür, dass alles im Leben seine absolute Berechtigung hat, auch wenn wir es nicht einschätzen oder verstehen können. Müssen wir das?

Wozu?

Es ändert ja nichts daran, dass es ist, wie es ist. Also: sein lassen, damit es vorübergehen kann. Vorübergehen kann es nur, wenn wir es nicht anhalten, nichts festhalten, nichts „zerdenken" und vertiefen.

Respekt und Höflichkeit sind ebenfalls Werkzeuge, genauso wie es der Humor, Ihr Charisma, das Segnen und die Macht des Dankens sind. Die Grundlage von allem aber ist Ihr Bewusstsein, Ihr momentaner Seins-Zustand, Ihre innere Intention.

Jeden Tag treffen wir unzählige Entscheidungen und jede davon verändert unser Leben. Stellen Sie sich vor, jede Entscheidung in Ihrem Leben ist immer die richtige gewesen und wird es auch immer sein. Sie glauben, Sie haben falsche Entscheidungen getroffen? Wenn Sie das meinen, dann haben Sie ver-gessen, dass nicht Sie Entscheidungen treffen, sondern das Leben die Weichen stellt. Das Leben trifft die Entscheidungen, Sie führen sie nur aus. Nur weil Sie eine Rechenaufgabe lösen, heißt das nicht, dass Sie diese auch erfunden haben. Jede Entscheidung ist in jedem Fall absolut perfekt.

Warum?

Weil ja nicht Sie sich entscheiden oder entschieden haben, wie Sie irrtümlich dachten. Sie sind aber davon überzeugt, dass Sie etwas anders oder besser machen hätten können.

Wenn – das Wörtchen wenn nicht wäre … Wäre. Hätte. Täte. Ja, das sind Worte, die ins Leere führen. Dieser Irrglaube ist der Urheber für Schuldgefühle.

Wozu schuldig sprechen oder sich schuldig fühlen, wenn doch das Leben entscheidet?

Ist das nicht befreiend?

Natürlich hat Ihr Mund eine Entscheidung ausgesprochen und das Hirn eine solche gedacht. Doch Worte und Gehirne können nicht aus sich heraus funktionieren. Kein Hirn ist in der Lage, eine Entscheidung zu treffen, es kann sie denken, doch das Denken lässt vermutlich noch nichts geschehen.

Sie folgen einer Vorgabe und diese Vorgabe ist etwas viel Intelligenteres und Höheres, wie es der menschliche Körper jemals sein und es sich vorstellen kann.

In jedem Menschen gibt es eine Instanz voller Weisheit, die Entscheidungen trifft, bevor das Hirn überhaupt denken kann. Diese Weisheit weiß außerdem die Antwort auf jede Frage, hat die Lösung für jede Aufgabe parat und schüttelt Entscheidungen aus dem Ärmel, die für den Menschen immer die lehrreichsten sind.

Aus menschlicher Sicht sind es nicht immer die besten Entscheidungen, vielleicht hätte sie unser Ego anders gefällt, wenn es denn eine Wahl gehabt hätte. Fakt ist, dass alle Entscheidungen immer maßgeschneidert und für uns bestimmt sind.

Wie auch immer wir sie empfinden, sie entsprechen uns haargenau und weisen uns den Weg. *„Danke für jede dunkle Erfahrung, die mir den Weg ins Licht zeigen kann."*

Wahrnehmen Schritt für Schritt

Gehen sie doch einfach mal in die Gedankenstille und machen Sie damit die Leitung frei, die für den Empfang der Wahrnehmung steht. Gehen Sie in die Wahrnehmung der Wahrnehmung. Richten Sie Ihre Aufmerksamkeit auf das, was Sie gerade beschäftigt bzw. was Sie wissen wollen. Stehen Sie vor einem Problem, dann werden Sie aus der reinen Wahrnehmung heraus sofort die Lösung, den Weg und die erforderlichen Schritte erkennen, die es zu tun gibt.

Dies geschieht ohne Bewegungen im Gehirn. Es wird wahrgenommen, was ohnehin da ist. Das Denken bildete nur der Schleier, der die Antwort verdeckt. Stehen Sie vor einer wichtigen Entscheidung, werden Sie aus der reinen Wahrnehmung heraus sofort die Antwort erkennen.

Sie wissen sofort, was zu tun ist – und zwar innerlich. Sie sind sich dessen bewusst, ohne die Entscheidung beeinflussen oder lenken zu wollen. Sie lenken die Entscheidung nicht in eine Richtung, um ein gewisses Ziel zu erreichen, sondern treffen die Entscheidung, die im Moment gefällt werden soll. Wir wollen Entscheidungen ja nur, weil wir glauben, das Ergebnis zu kennen. Wir glauben, dass gewisse Entscheidungen gut für uns sind, und hoffen damit auf einen bestimmten Ausgang. Wer eine Entscheidung mit einem Ziel verknüpft, läuft fehl.

Das tun wir alle, ständig. Wir glauben sogar, dass Entscheidungen dazu da sind, um Ergebnisse zu erzeugen. Diese Manipulation gibt es aber nur auf der Verstandesebene, auf der Ebene des Ichs. Das Selbst manipuliert nichts und will nichts. Dies bedeutet aber nicht, dass es teilnahmslos zusieht und ihm alles egal ist. Ganz im Gegenteil!

Das Selbst will nichts, weiß immer alles und lenkt alles, ohne es lenken zu wollen. Das Selbst ist die Entscheidung und zugleich das Ergebnis, wozu also etwas beeinflussen wollen?

Mit einem einfachen Hinsehen aus der Selbst-Ebene heraus kann ich alles betrachten, ohne darunter zu leiden. Das bedeutet, die Identifikation mit dem Ich und den Gegebenheiten fällt weg, auch wenn man sich noch darüber definiert. Man kann einen Schmerz betrachten, einen Mangel, eine Beziehung, eine Situation, den nächsten Schritt, die Zukunft oder sich selbst. Indem Sie Ihre Aufmerksamkeit darauf gerichtet halten, verändert sich das Wahrgenommene sofort und verwandelt sich in ein natürliches Heil-Sein, in sein innewohnendes Ideal, so wie es von der Schöpfung gemeint ist. So erkennen Sie die Wirklichkeit hinter dem Schein und können das wahrnehmen, was wirklich ist.

Und falls der Verstand Ihnen einreden will, Sie hätten die falsche Entscheidung getroffen, dann prüfen Sie diese in sich, indem Sie in sich hineinlauschen. Sie werden sofort erkennen, dass es so, wie es ist, genau richtig ist – und zwar in jedem einzelnen Fall. Es ist eine innere Gewissheit.

Und noch etwas: Beobachten Sie einmal die Funktionalität des Verstandes. Nehmen Sie einfach wahr, was er Ihnen präsentieren, einreden, versüßen oder verwehren will. Ständig spricht er Sie schuldig und mischt sich in alles ein: Alles weiß er besser und immer hält er seinen Senf als Zugabe bereit. Er diktiert Ihr Leben. Nichts macht Ihnen Ihr Leben schwerer als Ihre Gedanken. Dabei sind es nicht einmal Ihre. Sie gehören Ihnen nicht. Sie entstehen nicht in Ihnen. Woher kommen sie dann also?

Der Verstand versteht es wirklich, uns in die Irre zu leiten. Oft weiß man nicht, wie man sich entscheiden soll und doch gibt es so etwas wie eine falsche Entscheidung nicht.

Ein kleines Beispiel: Sie spüren, dass Sie zu einem Seminarwochenende fahren sollten, gleichzeitig erhalten Sie eine Einladung zu einer Familienzusammenkunft, die Ihnen auch sehr wichtig ist. Zumindest haben Sie immer darauf gehofft und nun findet beides ausgerechnet am selben Wochenende statt. Sie spüren die Freude, endlich wieder Ihre Liebsten in die Arme schließen zu können und doch sind Sie sich sicher, dass das Seminar für Sie unverzichtbar ist. Nun glauben Sie, dass es an Ihnen liegt, sich entscheiden zu müssen. Sie wissen, dass Sie an diesem Wochenende nur an einem Punkt sein können.

Nun ist guter Rat teuer. Vielleicht wäre es einfacher, wenn der Verstand Ihnen nicht noch zusätzlichen Druck machen würde: „Dort musst du hin", „Das kannst du nicht tun", „Das ist wieder typisch für dich", „Das passiert nur dir" etc. Wer sich darauf einlässt, ist schlecht beraten. Der Verstand kann nur abwägen und er weiß mit Bestimmtheit nicht, dass die Entscheidung längst gefallen ist.

Er glaubt, der zu sein, der den Ton angibt. Nie kommt er auf die Idee, auch nur einen Augenblick lang zu bezweifeln, dass jemand anders für die Entscheidung zuständig sein könnte. Er reißt alles an sich. Er macht seinen Job (aus seiner Sicht) gut. Aber dennoch eigentlich miserabel.

Nun, auch wenn es längst schon feststeht, tun Sie immer so, als würden Sie die Entscheidung treffen. Dann geben Sie nämlich Ihr Bestes. Hier geht es nicht um die Aufgabe selbst, sondern um die Aufrichtigkeit und die Klarheit, an diese Sache heranzugehen. Spüren Sie einfach in der Stille Ihres Herzens, was für Sie jetzt Priorität hat. Hier geht es nicht um Begriffe wie wichtig, weniger wichtig, um Vorteile oder Nachteile, darum, was der andere sagen oder denken könnte etc.

Lassen Sie alle Spekulationen, Fakten, Ideen und Vermutungen fallen und fühlen Sie so lange hin, bis die Entscheidung aus Ihnen selbst emporsteigt. Dies geschieht dann, wenn Sie komplett neutral und ohne es abzuwägen die Entscheidung wählen, deren Erfahrung im Moment gelebt werden will. Wissen können Sie es nicht, lassen Sie es einfach zu.

Natürlich kann es sein, dass Sie sich hin- und hergerissen fühlen. Ihr Herz weiß die Antwort schon, bevor sich der Verstand überhaupt damit auseinandersetzt. Wenn Sie auf Ihren Verstand hören, beginnt dieser, abzuwiegen und zu spekulieren, zu vergleichen und einzuschätzen. So wird das nichts.

Damit verlieren Sie sich noch mehr in der Illusion, der Handelnde, also der Entscheidungstreffende, zu sein. Ihre Intuition hat schon längst entschieden, da Sie sich ja bereits vor Wochen für das Seminar angemeldet haben. Sobald Sie dem Verstand stattgeben, wird er Ihnen immer wieder sagen, wie verkehrt Sie hinsichtlich Ihrer Einschätzung sind, und dass Sie sich falsch entschieden haben. Vielleicht denkt er auch wie folgt: Das Seminar findet nicht so oft statt, doch eine Familienzusammenkunft könnte schließlich auch an jedem anderen Wochenende stattfinden. Das sind nur Gedanken. Spekulativ. Unwichtig. Sie irritieren nur.

Auch wenn das eigentlich stimmen mag, so geht es nicht um Überlegungen dahin gehend, was besser wäre, sondern um die Bereitschaft, sich für die Entscheidung zu freuen, die das Leben für Sie getroffen hat. Sollte man Ihnen dann Vorwürfe machen, dass Ihnen alles andere wichtiger ist als das Familientreffen, dann vergessen Sie nicht, dass Sie diese Priorität nicht wirklich entschieden haben. Sie haben so gehandelt, wie es an der Reihe war – und darüber bestimmt immer noch Gott und nicht Ihre Verwandten.

Deshalb: Nur Ihr Innerstes führt Sie dahin, wozu es jetzt an der Zeit ist, in diesem Fall eben zu diesem speziellen Wochenende. Im Nachhinein betrachtet werden Sie sehr dankbar dafür sein, dass Sie auf Ihr Gefühl und auf Ihre innere Stimme gehört haben.

Aus der kollektiven Hypnose erwachen. Und zwar jetzt!

Wir leben unser Leben und nennen es Realität. Das haben wir einfach so übernommen. Auch wenn unser Leben nichts mit der einen Realität zu tun hat, so haben wir es zumindest zu unserer individuellen Realität erklärt. Wir gehen davon aus, dass das Leben real ist, wozu es dann auch überdenken?

Es könnten nur Fragen auftauchen, die unangenehm sind und die wir nicht beantworten können. Alles nur Hirngespinste und esoterischer Kram, es ist weitaus besser, sich dem Leben zu widmen. Doch das Leben ist nicht ganz so einladend, schön und herrlich. Zumindest ist es nicht das, wofür wir es halten. Wir können es uns schönreden, schöndenken und auch schöntrinken.

Fakt ist, der Mensch ertrinkt im Leid und versucht ständig, etwas zu erreichen. Ist er unten, will er natürlich nach oben. Ist er oben, will er natürlich oben bleiben. Ist das normal? Was er sicher nicht will, ist, nach unten zu fallen – und trotzdem passiert es. So ist der Mensch ständig damit beschäftigt, eine Stabilität zu halten, er will Sicherheit – und das um jeden Preis. Wie wir aber alle schon bemerkt haben, gibt es die nicht. In jedem Augenblick kann etwas Unvorhergesehenes passieren und das tut es auch, egal, ob uns das passt oder nicht, das Leben ist so. Menschen, die ständig etwas wollen oder etwas verhindern wollen, sind unglücklich. Es gibt aber auch einige Glückliche.

Was die anders machen? Sie bejahen oder verneinen nichts. Das Glück ist für sie nicht gut, die Krankheit nicht schlecht, weil beides einfach kommt, wenn es kommen soll. Was ist schon schlimm daran, krank zu sein? Man jammert ja auch nicht über einen Gewinn. Eigentlich ist beides dasselbe. Wir erleben ständig eine Seite, entweder ist sie hell oder dunkel – beides aber gehört zum Weltlichen.

Wann gehen wir darüber hinaus?

Was nutzt uns das Gute, wenn es vergeht?

Die Pleite weiß nicht, dass sie Kummer bereitet. Der Gewinn weiß nicht, dass er Freude versprüht. Wir wissen auch nichts, tun aber so, als ob wir alles wissen. Wir wissen zwar, was wir uns angeeignet haben, doch das wahre Wissen ist uns fremd. Wir haben keine Ahnung, was sich hinter dem Menschen verbirgt.

Diese Intelligenz lässt sich nicht begreifen und verstehen, wir können Sie aber erforschen, nach ihr streben und das zu unserem Lebensinhalt machen. Wenn Ihr Leben keinen Inhalt hat, geben Sie ihm einen – und zwar den, der sich anbietet, um aufzuwachen: nach der Wirklichkeit Ausschau zu halten. Jeden Tag geschehen so viele Dinge.

Mal sind es welche, die uns gar nicht auffallen, mal sind es Dinge, die uns in ein Loch stürzen können. Unfall, Krankheit, Trauer, Tod, Pleite, Kündigung, Trennung, Scheidung – all das kann jederzeit auch Ihnen passieren. Was auch immer geschieht: Es sind die Folgen unserer Samen.

Warum macht uns das Erforschen unserer Identität eigentlich so viel Angst? Kann es schlimmer sein als das Leben an sich? Wir erinnern uns immer nur an die schönen Seiten des Lebens, zumindest denken wir lieber an sie. Wir versuchen, immer die Sonnenseite herbeizuholen und die Schattenseiten auszublenden. Das ist ein menschliches Verhalten, aber sehr einfältig. Es gibt kein rosarotes Leben.

Aber es gibt Wege, sich mit dem Dunklen auszusöhnen. Eigenartigerweise wird es dann automatisch rosarot. Aber nicht im Außen, sondern im Inneren. Und wer im Inneren leuchtet, dessen Leben wird sich erhellen: Er wacht auf! Da uns das Leben aber recht annehmlich erscheint und der Mensch es so an sich hat, sich mit den

Gegebenheiten des Lebens zu arrangieren und einfach alles so laufen zu lassen, verfällt er in eine Art Lethargie.

So entscheidet er sich oft unbewusst dazu, weiterzuschlafen und nur so zu tun, als wäre er wach.

Der erste Schritt ist, zu erkennen, dass wir schlafen und aus der kollektiven Hypnose aufwachen sollen, uns aus dem Traum lösen, wach zu sein. Dazu gehört es auch, die Vorstellung des Alterns und des Sterbens loszulassen.

In Wirklichkeit sind wir alterslos und unsterblich. Der „Grundschritt" ist, zu Bewusstsein zu kommen und einzutreten in die natürliche Vollkommenheit unseres wahren Wesens. Alle Probleme, alles Leid, jeder Mangel existiert nur in der Illusion des Ichs. Also machen Sie sich einmal Folgendes bewusst: Wer handelt, wenn Sie handeln?

Wer hört, wenn Sie hören?

Wer sieht, wenn Sie sehen?

Wer spricht, wenn Sie sprechen?

Wer erlebt das, was Sie erleben?

Wenn Sie wirklich sich selbst meinen und sich nicht mehr mit Ihrem Erfahrungs-Instrument Körper und Verstand verwechseln, sind Sie bei sich selbst angekommen.

Solange Sie denken, nur der Körper zu sein, leben Sie in der und über die Verstandesebene hinaus. Sobald Sie nur das wahrnehmen, was ist, sind Sie bei Bewusstsein, denn nur Bewusstsein kann wahrnehmen.

Mit der Wahrnehmung haben Sie keine Verwendung mehr für das Denken. Natürlich tauchen weiterhin Gedanken auf, aber es sind nicht mehr die Ihren. Das waren sie nie, aber Sie haben das so angenommen.

Mit dem Wahrnehmen verschwindet auch das Urteilen, eine eigene Meinung. Der Verstand denkt wie gesagt zwar weiter, aber Sie denken nicht mehr, dass Sie es sind, der denkt. Sie nehmen wahr, was ständig ist. Mit dem Wahrnehmen verschwinden auch die Probleme aus Ihrem Leben. Es gibt nur noch Situationen, Ereignisse und Aufgaben, aber keine Probleme mehr.

Das Ich muss dabei nicht befreit oder erlöst werden, sondern wir lösen uns von der Identifikation mit der Illusion des Ichs, in der Erkenntnis, dass es gar nicht existent ist. Wenn Sie wirklich ganz bei sich selbst angekommen sind und alles scheinbar Unvollkommene losgelassen haben, wird Ihre natürliche Vollkommenheit sichtbar. Sie sind am Ziel und haben alles erreicht, was man in einem irdischen Leben erreichen kann.

Dabei ist auch etwas erreichen zu können schon ein großer Trugschluss, denn wenn es kein Ich mehr gibt, wer kann oder will dann noch etwas erreichen? Es ist ja niemand mehr da, der etwas erreichen möchte, weil das, was ist, alles ist. Allein dadurch erwachen ganz neue Kräfte, Talente und Fähigkeiten, die bis dahin geruht hatten.

Also ist das Aufwachen ein Prozess, der seine ganz eigene Ordnung in sich trägt. Es läuft vollautomatisch ab und wir können nicht wirklich etwas dazu beitragen. Zumindest nicht in der Form, wie wir es uns denken.

Doch können wir den ersten Schritt gemeinsam gehen und das ist die Einsicht, dass wir schlafen. Das Wissen nutzt hier nichts. Wir müssen wirklich verinnerlichen, dass wir den Traum des Lebens leben und dass das nicht die eine Realität sein kann.

Sich fallen lassen

Machen Sie sich bewusst, dass Ihr wahres Sein unsterblich ist, und fühlen Sie Ihr vollkommenes, ewiges Sein als Ihre wahre Identität. Der Körper ist dem Gesetz des Vergänglichen unterworfen, es gibt aber auch erhabene Wesen, die dieses Dilemma überwunden und ihren Leib völlig transformiert haben.

Doch das sollte nicht unser Ziel sein, sondern es geht um die Befreiung der Seele. Wie sich dann die Umstände zeigen oder eben auch nicht, liegt nicht im menschlichen Ermessen. Es geschieht oder es geschieht nicht, das sollte uns nicht persönlich kümmern, aufblähen oder zu Stolz erstarren lassen. Eher ist es schön, die wahre Demut zu erkennen, denn je mehr man innerlich weiß und erkennen kann, desto demütiger wird man.

Wir waren schon immer und werden immer sein. Nehmen Sie als dieses vollkommene, ewige Sein Ihren physischen Körper als Werkzeug und Instrument wahr. Erfüllen Sie so oft Sie daran denken und wann immer es Ihnen möglich ist, jede Zelle Ihres physischen Körpers mit der Vollkommenheit Ihres So-Seins. Fühlen Sie Ihr natürliches Heil-Sein und auch, wie Ihr physischer Körper es in Form von Schönheit und natürlicher Ausstrahlung widerspiegeln wird. Fühlen Sie auch die Alterslosigkeit Ihres wahren Wesens und übertragen Sie diese Energie auf Ihren physischen Körper. Erfahren Sie, wie er sich dadurch immer jünger anfühlt, und treten Sie Ihr geistiges Erbe an.

Wie?

Indem Sie ganz gezielt und bewusst als das leben, was Sie wirklich sind: als vollkommenes, ewiges Sein.

Machen Sie sich einmal bewusst, dass Ihr eigentlicher Körper, Ihr Energiekörper in Ihrem physischen Körper steckt, aber viel größer ist, als alles, was Sie sich vorstellen können. Befreien Sie Ihren eingesperrten Energiekörper, indem Sie Ihr Scheitel-Chakra öffnen und Ihrem Energiekörper gestatten, seine natürliche Größe zu entfalten.

Leben Sie ständig bewusst in Ihrer natürlichen Größe. Fühlen Sie bewusst den ewigen Jungbrunnen, die Quelle allen Seins, als Ihren wahren Körper und leben Sie von nun an stets bewusst alterslos.

Je mehr Sie sich mit Ihrem wahren, unsichtbaren Körper identifizieren und als dieser vollkommene Körper leben, desto mehr wird auch Ihr physischer Körper erstrahlen. Ihr wahrer Körper ist der Träger des Lebens. Er ist zeitlos, alterslos und frei von Begrenzung. Je mehr Sie bewusst in der natürlichen Zeitlosigkeit leben, desto weniger Zeit kann sich in Ihrem physischen Körper sammeln und so wird er deutlich langsamer altern.

Erfüllen Sie bewusst jede Zelle Ihres physischen Körpers mit der Vollkommenheit, dem Heil-Sein und der Zeitlosigkeit Ihrer wahren Identität. Dadurch wird jede Zelle lebendiger, vitaler und jünger. Ihr gerichtetes Bewusstsein aktiviert die schöpferische Urkraft.

Indem Sie Ihr Bewusstsein auf Ihren ewig jungen, immer vollkommenen, wahren Körper gerichtet halten, beginnt der physische Körper, das widerzuspiegeln.

Der Weg ist einfach. Alles, was Sie dazu brauchen, haben Sie immer bei sich.

Machen wir das doch gleich einmal praktisch:

Richten Sie Ihr Bewusstsein auf Ihren inneren Körper, den, der immer jung bleibt und sich mit den Jahren nicht verändert. Halten Sie Ihr Bewusstsein darauf gerichtet und erleben Sie sich als dieser ewig junge Körper. Fühlen Sie ihn und identifizieren Sie sich damit.

Leben Sie ständig als dieser ewig junge Körper. Fühlen Sie bewusst Ihre Alterslosigkeit.

Es beginnt mit der bewussten Entscheidung, aus seinem Leben ein Meisterwerk zu machen, das heißt, jeden einzelnen Augenblick zu erfüllen, seine besondere Aufgabe und Chance zu erkennen und zu nutzen. Wann immer Sie sich dabei anstrengen, zeigt das nur, dass es anders leichter ginge, denn das Leben meistert man spielend, oder überhaupt nicht. Bewusst zu leben, in der Leichtigkeit des Seins, ist etwas, was unumgänglich ist.

Ernten kann man nur die Saat: Säen Sie richtig!

Zur optimalen Lebenseinstellung gehört es auch, nie mehr zu „arbeiten", sondern einen „bezahlten Urlaub für immer" zu leben. Gestatten Sie es dem Leben, Sie fürstlich dafür zu bezahlen, dass Sie das tun, was Ihnen ohnehin am meisten Freude macht. Gehen Sie bewusst den Weg der Freude. Machen Sie sich bewusst, dass man Geld in der deutschen Sprache „verdient", man kann Geld auch machen, ernten, bekommen, gewinnen. „Geld verdienen" ist eigentlich ein unpassender Ausdruck.

Denn wer bestimmt die Leistung, womit wird gemessen, wonach belohnt? Eigentlich bedeutet das Wort „verdienen" etwas ganz anderes. Wer dient, wird ernten. Verdienen ist also keine Folge von großen Taten. Natürlich tun wir etwas für das Geld und daraus ergibt sich eine Entlohnung, doch diese orientiert sich nicht an der Menge des Tuns, sondern an der Qualität der Gesinnung.

Nun können Sie sagen, wer 60 Stunden in der Woche arbeitet, verdient auch besser. Das mag sein, doch wenn er die Arbeit nur deshalb verrichtet, um Geld zu verdienen und dies der einzige Antrieb dafür ist, wird es irgendwann nicht mehr funktionieren. Entweder wird man gekündigt, man wird krank oder verliert anderweitig seinen Job. Das Leben schiebt uns in der Regel dorthin, wo wir nicht wirklich hinwollen. Wir werden dort hingeführt, wo es etwas zu lernen gibt und das gibt es immer dort, wo wir nicht hinwollen. Ist Ihnen das auch schon aufgefallen?

Eben erst hatten Sie ausgesprochen oder gedacht, was Sie nicht wollen – und schon bekommen Sie es präsentiert.

Warum?

Weil Sie einen Widerstand gegen etwas hegen und dort, wo Sie dagegen steuern, ist bekanntlich eine Ablehnung vorhanden. Um diese zu neutralisieren, bekommen Sie das präsentiert, was Sie ablehnen. Es geht im Leben darum, alles so sein zu lassen, wie es ist und nirgendwo dagegen zu steuern.

Dazu müssen Sie nicht zu allem Ja und Amen sagen, sondern sich lediglich in eine neutrale Geisteshaltung begeben. Dies kann man weder lernen noch üben. Dazu braucht es die innere Gewissheit, dass alles, was uns widerfährt, nur eine Ernte ist. Wer Apfelkerne aussät, wird keinen Birnbaum erwarten können. Alles ist unsere eigene Saat, auch wenn uns dies nicht bewusst ist.

Es ist so wie mit dem Echo: Sie rufen Hallo und ein Hallo tönt zurück. Wundern Sie sich darüber, dass kein „Herein" erklingt? Mit Bestimmtheit nicht. Warum wundern Sie sich dann über Ihre Lebensumstände?

Weil Sie sich nicht daran erinnern können, dass Sie einmal etwas gerufen haben, was jetzt erst widerhallt. Es ist wie ein Bumerang-System, jeder Gedanke, jedes Wort und jede Tat kommt unweigerlich zu Ihnen zurück. Nicht um Sie zu bestrafen. Erkennen Sie, dass Sie alles sind und es nur Sie treffen kann. Alles ist eins und alles ist in Ihnen. In Ihnen, als unsterbliche Seele, Ihrer wahren Identität.

Man könnte folgendes Beispiel mit dem Leben vergleichen: Sie gehen im Wald spazieren und unter einem Baum fällt Ihnen eine große Spinne auf den Rücken. Sie tragen Sie eine Stunde über mit sich herumspazieren, bis Sie Ihnen bei einer Bank, auf die Sie sich setzen wollen, genau vor Ihre Füße plumpst. Sie fragen sich: Wo kommt die jetzt her?

Wie kann das sein?

Sie kann ja nicht vom Himmel gefallen sein. Natürlich erschrecken Sie sich, weil Sie sich gar nicht vorstellen können, wo die Spinne plötzlich hergekommen ist. Solange Sie nichts von Ihrem Weggefährten wussten, war nichts. Sie war bequem Ihren Rücken entlang gekrabbelt, über den Kopf und in den Haaren herum. Schon allein die Vorstellung davon beschert eine Gänsehaut. Da Sie es nicht wussten, ist aber nichts geschehen. So ist es also Ihre Aufmerksamkeit, die darüber entscheidet, wie Sie die Dinge wahrnehmen.

Es war alles in Ordnung, bis Sie sie sahen. Sie wussten ja nichts von diesem Krabbeltier, also gab es auch keinen Grund, um sich zu sorgen. Doch als Sie sie entdeckten, konnten Sie gar nicht verstehen, wo diese Spinne plötzlich herkam. Und genau so spaziert vieles, was wir getan, gedacht oder ausgesprochen haben, immer mit uns mit.

Es haftet wie Pech an unseren Fersen. Eines Tages, wir wissen allerdings zum jetzigen Zeitpunkt nicht, wann genau das sein wird, rollt uns eine goldene oder eine faule Ernte entgegen. Und dann sind wir ganz verwundert. Warum jetzt das, fragen wir uns.

Wie kann das passieren?

Ja, eben. Das Leben ist nicht böse und niemand wird von einem Schicksal verfolgt, das es nicht gut mit ihm meint. Wir erleben lediglich einen Gegenpol unserer Taten, wir ernten die Saat unseres Ausdrucks. Ganz gleich, ob es eine Handlung, ein Wort, eine Geste, ein Gedanke, ein Gefühl etc. ist, diese Samenkörner gehen bestimmt auf. Wer das nicht nur weiß, sondern auch wirklich erkannt hat, stellt sich keiner Situation entgegen und flüchtet auch vor nichts. Wir können nicht vor uns selbst davonlaufen, und wer seine Miete nicht bezahlt, muss damit rechnen, gekündigt zu werden.

Jetzt, wo Sie wissen, dass alles, was Ihnen widerfährt, nur Folgen von Wirkungen sind, beginnen Sie doch einmal damit, ganz gezielt positive Ursachen zu setzen. Dies gelingt, indem Sie als gewinnendes, fröhliches und ausgelassenes Wesen durchs Leben spazieren. Machen Sie sich für die natürliche Fülle des Lebens einfach magnetisch. Fangen Sie an, wirklich märchenhaft zu leben.

Märchenhaft ist es dann, wenn die Prinzessin liebenswert ist. Eine böse Hexe mag niemand und eine böse Prinzessin ebenfalls nicht. Seien Sie so, wie Sie es gerne auch bei anderen erleben würden. Wenn Sie noch kein Speicher mit goldener Saat sind, dann werden Sie zu einem. Werfen Sie die faule und dunkle Saat weg, die voller Angst, Zweifel, Hoffnungslosigkeit und Mutlosigkeit ist. Schaffen Sie Vertrauen und bringen Sie Ihr erwachtes Bewusstsein immer mehr in Ihren Alltag ein.

Sagen Sie sich Folgendes vor: Nicht, was ich tue, ist wichtig, sondern, als *wer oder was* ich es tue. Ich werde auf diese Weise immer mehr mein eigener Lehrer und meistere mein irdisches Dasein. Alles wird zum Auslöser für höchstes Bewusstsein. Auf die Uhr zu schauen, durch eine Türe zu gehen, einen Schluck Wasser zu trinken, aufzustehen oder mich hinzusetzen, alles kann ich absolut bewusst tun. Es bewusst zu tun, bedeutet, dass ich den Ich-Anteil beobachte und alles, inklusive des Körpers, den ich bewohne, aus der Selbst-Perspektive heraus wahrzunehmen.

Die Sprache des Lebens zu verstehen und zu befolgen, ist wahrlich eine Kunst. Wenn ich damit beginne, mein Leben zu beobachten, habe ich die Geburt zu mir selbst noch lange nicht vollendet, sondern erst einmal eingeleitet. Ich tauche gelegentlich ins persönliche Ich oder ins Tun ein, aber immer als ich selbst. Ich bin mir meiner Präsenz vollkommen bewusst, und wenn ich sie einmal vergesse, erinnere ich mich wieder daran.

Wie lange dieser Prozess des Erwachens dauert, weiß niemand. Sie sind ohnehin die ewig alles durchdringende Geistesgegenwart, durch die allumfassendes Bewusstsein wirkt.

Ob Ihnen das bewusst ist oder nicht. Alles, was ist, ist und wird vom All-Geist durchflutet und belebt. Ohne diesen All-Geist, ohne dieses alles belebende unendlich kraftvolle Bewusstsein wäre es gar nicht möglich, jetzt hier zu sein und momentan diesen Text zu lesen.

Als erwachender Lebensberater werden Sie sich beim Leben als liebevolle Präsenz des Seins schon bald einfach nur zusehen. Erlebe, ich bin der, der sieht und weiß, der ist, immer war und immer sein wird und lebe bewusst als Beobachter. Sie beobachten sozusagen den Beobachter, und weil Sie ihn beobachten, ist es ja klar, dass Sie nicht das Beobachtete sein können. Nach und nach erleben Sie sich ganz bewusst als diese eine reine Existenz.

Dies bedeutet aber nicht, dass Sie ohne Ego sind, sondern dass Sie sich nicht mehr über das Ego definieren. Es ist noch da und es wird so lange da sein, bis Sie sich aus dem Körper verabschieden. Der Unterschied zwischen einem erwachten Menschen und einem, der noch nicht zu Bewusstsein gekommen ist, ist also nur das Wissen um die wahre Identität. Dieses Wissen muss erfahren werden. Es ist also ein Realisieren der eigenen Ursprünglichkeit.

Wer dies realisiert, erlebt das Leben tiefer und frei. Er wirkt auf andere nicht anders, er folgt einfach dem natürlichen Lebensfluss und ist im Einklang mit sich selbst und allem, was bisher realistisch erschien.

Er entdeckt, dass das, was er bisher als real wahrgenommen hatte, nie wirklich existiert hat. Es war immer nur eine Vorstellung, eine Spiegelung im Bewusstsein.

Das ganze Leben wird so zur Meditation. Meditation ist nicht eine Erfahrung, die man für einige Minuten oder eine Stunde macht und diese dann wieder beendet. Meditation ist eine sehr bewusste Art zu leben. Man tritt in den Augenblick ein, der nie mehr endet. Und genau das ist Ihr wahres Wesen!

Es ist ein Leben in der Leichtigkeit des Seins.

Leider gibt es noch keine Ausbildung für das Leben in der Leichtigkeit des Seins, aber als kompetenter und offener Lebensberater werden Sie dieser nach und nach auf die Schliche kommen. In Wirklichkeit ist das Leben ein Spiel, das Ihnen zur Freude gespielt wird und Sie allein bestimmen, welches Spiel gespielt wird und vor allem, wie es ausgeht.

Sie bestimmen es aber nicht vom Kopf her, sondern von innen heraus. Wenn Sie Ihrer Bestimmung folgen, geht diese „Rechnung" auf, wenn ich das mal so nennen darf. Entscheidend ist auch Ihr Glaube. Und zwar, ob Sie daran glauben oder nicht. Sie werden in beiden Fällen recht behalten.

Warum?

Wenn Sie sagen, das funktioniert nicht, dann wird, ja, dann kann es nicht funktionieren. Das Leben wird Ihrer Aussagekraft und Ihrem

Denken folgen und das in jedem Fall. Wenn Sie missmutig sind, wie soll das Leben anders sein? „Ich kann nicht" ist ein Satz, den Sie aus Ihrem Leben streichen sollten. Nicht morgen oder später, sondern jetzt.

Der richtige Zeitpunkt ist immer nur jetzt, weil nichts außer dem Jetzt existiert. Alles andere existiert nur als Vorstellung im Bewusstsein, als Idee, die über Gehirnwindungen entsteht. Alles, was so entsteht, kann niemals die Realität sein, weil die eine Realität nicht gedacht werden kann. Die Sinne können sie nie orten, aber das Herz schon. Das Herz ist der Eingang zur Seele und nur dort kann das Eigentliche erfahren werden. Alles beginnt mit einer inneren Neugier und mit der Haltung von heiterer Gelassenheit.

Das Leben ist ein Spiel, bei dem Sie nur gewinnen können. Dabei ist Gewinn oder Verlust gleichgültig, da es nur um das Spiel an sich geht. Das Leben ist bereits Gewinn. Gewinn und Verlust sind zwei Seiten der Dualität und bedingen einander. Solange man in der Dualität „festhängt", wird einmal dies und einmal das durchlebt werden. Wagen Sie es, über diese Begrenzung hinauszugehen und stellen Sie alles infrage, in erster Linie Ihr Denken.

Es geht nicht nur darum, das Spiel des Lebens zu spielen, sondern es auch in vollen Zügen zu genießen.

Wir genießen es nur, wenn es uns gefällt. Wenn uns etwas missfällt, dann ist es vorbei mit dem Genuss. Sofort sind wir darum bemüht, es wieder zu verbessern, doch sind wir dazu überhaupt in der Lage? Und ist es nicht anstrengend, es ständig gut haben zu wollen?

Warum darf das Leben nicht einmal trostlos sein? Es ist normal, Tage zu erleben, an denen wir uns unwohl fühlen, etwas schiefläuft und wir Ereignissen begegnen, die sich als mühsam erweisen. Sie sind eine wahre Herausforderung. Jede unangenehme Situation zeigt uns, inwieweit wir ein wirklich guter Lebensberater sind. Der kümmert sich nämlich nicht darum, dass es ständig gut sein muss.

Natürlich fühlt er sich in der Harmonie wohl, doch weiß er auch, dass die Disharmonie Gutes in sich trägt. Es muss nicht sichtbar sein, aber alles kann in seinem Kern nur gut sein, weil das Gute die Basis des Lebens ist. Mit „Gut" meine ich hier nicht das Gute und Schlechte im herkömmlichen Sinne, sondern das wirklich Gute, was von Gott kommt – das einzig Wahre und Ewige

Ein wirklicher Lebensberater begegnet beiden Umständen, den guten und auch den weniger guten, neutral, da er sich seiner Aufgabe bewusst ist, sich dem Leben zu stellen – und zwar in jedem einzelnen Fall. Wer jede Situation meistert, ist ein wirklicher Lebensprofi und erwacht mehr und mehr zu sich selbst. Je anstrengender die Umstände sind, umso mehr werden wir gefordert. Wir werden dazu aufgerufen, wacher zu sein, um eines Tages zu erwachen. Sehen Sie jede Lebenslage als Chance an, als Chance, endlich zu sich zu kommen. Sie sind nicht derjenige, für den Sie sich halten. Sie sind wesentlich mehr. Sie sind kein persönliches Ich, Sie sind ein unpersönliches Selbst.

Die Einbildung, ein Fleischkörper zu sein, macht uns krank. Allein der Gedanke, ein Ich zu sein, bereitet uns Schwierigkeiten und Probleme, die es aus der Perspektive des Selbst gar nicht gibt. Das Selbst hat keine Perspektive, es ist frei und ohne Anhaftungen. Das Selbst ist eigenschaftslos. Es ist, ohne wirklich zu sein. Das Ich erscheint, das Selbst ist. Erkennen Sie den Unterschied?

Nein?

Dann tun Sie alles dafür, um das zu erkennen und widmen Sie sich Ihren inneren Werten. **Wer sich ständig im Außen verliert, verliert sich selbst!**

Leben in der Zeitlosigkeit

Für das Ich, den Verstand, erscheint es schwierig, in das „Jetzt" zu kommen, weil es glaubt, irgendwo hinzukommen oder etwas erreichen zu können, aber Sie sind angekommen und das waren Sie schon immer. Erkennen Sie, dass Sie nie weg waren von sich selbst. Nie können Sie etwas anderes als das Selbst sein, auch wenn Sie am Ich anhaften und der Einbildung einer Persönlichkeit erlegen sind.

Die Persönlichkeit erfährt sich über die Zeitschiene, die das Leben einteilt und lenkt. Das Selbst ist jenseits der Zeit, es ist zeitlos und unverfälscht. Das scheinbare Erleben von Zeit obliegt der Sichtweise des Verstandes. Die Stille des Jetzt ist erfüllt mit der Anwesenheit des Seins. Lassen Sie einfach alles los, was nicht zu Ihrem wahren Sein gehört, und seien Sie einfach ganz da.

Erleben Sie sich als reine Existenz, körperlos, alterslos, zeitlos – und erkennen Sie, dass dies Ihr natürlicher Zustand ist.

Wirklichkeit kennt keine Zeit, die Wirklichkeit lebt im Jetzt. In Ihrem zeitlosen Sein haben Sie kein Alter. Außerdem hat es keine Bedeutung, ob Sie arm, reich, krank oder gesund sind – das sind nur fiktive Zustände, welche vorübergehen. Es beginnt damit, ganz da, wirklich präsent zu sein und die Qualität und Quantität des Jetzt wahrzunehmen, indem Sie Ihre Aufmerksamkeit auf das Jetzt richten.

Erleben Sie doch, dass Sie nur im Jetzt leben, dass alles immer nur jetzt sein kann und es außer diesem Jetzt nichts anderes gibt. Ich spreche nicht vom Jetzt der Zeitschiene, sondern vom ewigen Jetzt, das zeitlos ist. Dieses unendliche Jetzt verbirgt sich hinter dem Augenblick, es ist die ewige Unbeweglichkeit, die allem seine Scheinexistenz ermöglicht. Sie können weder vorhin noch nachher, auch nicht gestern oder morgen leben, sondern nur jetzt.

Entfernen Sie die Zeit aus Ihrem Leben und der Verstand steht still. Das heißt nicht, dass Sie Termine nicht einhalten und den ganzen Tag schlafen sollen.

Es bedeutet, sich in jedem Augenblick bewusst darüber zu sein, dass es nichts außer diesem Augenblick gibt. Wer an morgen denkt, ist nicht im Augenblick. Ein Morgen existiert in diesem Moment nicht.

Es existiert nur in Gedanken. So sind Vergangenheit und Zukunft nur in den Köpfen vorhanden, nicht aber in der Wirklichkeit.

Nur durch die Vorstellung von Zeit entsteht die Illusion von Vergangenheit, Gegenwart und Zukunft. In Wirklichkeit gibt es nur das Jetzt. Nur im Jetzt findet das Leben statt, und solange Sie Gefangener der Zeit sind, sind Sie nicht dort, wo Ihr wahres Leben ist.

Der Lebensberater, der sich zu sich selbst entwickelt, lebt absolut zeitlos, auch wenn er sich im Alltag nach Zeiten orientiert. Zeitlosigkeit ist eine innere Einstellung und nicht die Ignoranz der Zeit. Kinder leben total im Jetzt. Voller Hingabe spielen sie im jetzigen Augenblick, sie kennen kein Gestern und kein Morgen.

Je älter wir werden, umso häufiger vergessen wir, wie wir als Kinder waren und sind der Ansicht, mit dem Erwachsenwerden sind wir mehr. Genau das Gegenteil ist der Fall. Vielleicht wissen wir mehr, aber genau dieses Wissen steht uns auf dem Weg zu uns selbst im Weg. Alle Konzepte bringen uns von dem ab, was eigentlich an der Reihe wäre: sich endlich um sich selbst zu kümmern. Je erwachsener wir geworden sind, umso tiefer schlafen wir und erkennen den größten Schatz in uns nicht mehr.

Wir haben uns in der Zeit verloren und verstrickt, sie hat uns umnebelt und hält uns in diesem Schleier gefangen. Die Zeit verbirgt die Wirklichkeit des Jetzt. Es gibt kein größeres Hindernis für wahres Leben als die Illusion der

Zeit. Was wir Vergangenheit nennen, ist nur die Erinnerung an ein früheres Jetzt und auch die Erinnerung daran ist jetzt. Auch die Zukunft ist nur eine Vorstellung vom Jetzt, und wenn sie geschieht, wird sie ebenfalls zum Jetzt werden. Wie soll es anders sein, wo es doch nichts außer Jetzt gibt?

Die Vergangenheit wird in der Gegenwart belebt und somit erhalten. Das Ego lebt in der Illusion der Zeit und kann das Jetzt nicht erfassen. Lassen wir alles los und genießen wir das Spiel des Lebens. Werden wir nicht zu einem wahrhaftigen Lebensberater, sondern sind wir es doch einfach!

Wann?

Jetzt!

Das einzige wirkliche Geheimnis in diesem Leben ist die Erkenntnis, dass wir der Schöpfer unseres eigenen Lebens sind.

Was ist also zu tun?

Aus der Illusion „auszutreten" und zu universellem Bewusstsein zu erwachen. Erkennen Sie: Sie leben in einem Körper und nutzen einen Verstand, doch dies sind nur Werkzeuge Ihrer körperlichen Erscheinung auf Erden. Sie sind als Persönlichkeit anwesend, jedoch nicht auf diese Person begrenzt. Der, der glaubt, eine Person zu sein, grenzt sich ein. Sie sind universelles

Bewusstsein. Das wollen Sie nicht glauben? Müssen Sie auch nicht! Können Sie auch nicht, weil sich universelles Bewusstsein nicht glauben lässt. Da es nichts anderes als dieses eine Bewusstsein gibt, können Sie ja gar nichts anderes sein. Das klingt logisch, auch wenn es mit dem Denken niemals nachvollzogen werden kann. Der physische Ablauf des Vorgangs des Erwachens kann nicht erklärt werden, weil es kein physischer Ablauf ist. Vielleicht glauben Sie, wie wir alle, dass etwas passieren muss, wenn man zu sich erwacht.

Auf der Ebene der Materie passiert nichts, deshalb ist es auch nicht nachvollziehbar. Es ist ein innerer Wandel, der auf der physischen Ebene vieles verändert, jedoch nicht so, wie wir es uns vorstellen können. Die Wahrheit lässt sich nicht vorstellen, sie ist von jeglichen Vorstellungen befreit. Was also können Sie tun? Sich nach innen wenden. Wie? Indem Sie sich vom Außen zurückziehen, ohne sich abzuwenden. Es klingt vielleicht etwas kompliziert oder fadenscheinig, ist es aber nicht.

Jeder Mensch muss selbst herausfinden, wo sein Weg nach Hause beginnt und in welche Richtung er verläuft. Jeder Weg ist anders. Es gibt keine gleichen Wege. Man kann nirgendswo abschauen, etwas nachmachen oder wollen. Es ist ein natürlicher individueller Prozess, und wer sich diesem öffnet und bereit ist, sich dem zu stellen, wird innere Führung bekommen.

Immer! Finden Sie es heraus, indem Sie sich selbst entdecken und damit beginnen, sich Zeit für Stille und zur Einkehr zu nehmen.

Aus dem Traum, „wach zu sein", aufzuwachen, und als universelles Bewusstsein zu leben, ist Befreiung. Alles zu genießen, ohne der Genusssucht verfallen zu sein, ist eine Eigenschaft davon. Alle Probleme, alles Leid kommt aus der Illusion des Ich und diesem liegen Wünsche und Wille zugrunde.

Ich will dieses, ich will das und ich will jenes. Das ist die Wurzel allen Übels. Universelles Bewusstsein hat keine Probleme, kennt kein Leid, da es ohne Wollen glücklich ist – und zwar wunschlos! Hier und jetzt ist Glück. Universelles Bewusstsein wird weder geboren noch ist es krank, es ist weder jung noch alt, auch stirbt es nicht. Universelles Bewusstsein ist einfach.

Der Lebenscoach ist jemand, der sich dessen bewusst ist und ohne Anstrengung danach strebt, frei zu sein. Nach und nach erkennt er die illusorischen Züge und Täuschungen des Egos und nähert sich so immer mehr seiner eigenen Wirklichkeit.

Sich ganz auf die Weisheit des Augenblicks einzulassen und den jetzigen Augenblick zu erfüllen, ist alles, was Sie tun sollen und können. Deshalb: Nutzen Sie die Chance des Augenblicks! Lassen Sie alles los, was nicht mehr zu Ihnen gehört. Bevor Sie in ein neues Leben eintreten können, gilt es, das bisherige loszulassen. Lassen Sie all Ihre Einbildungen über sich selbst los: den Armen, den Kranken, den Erfolglosen und den Unglücklichen.

Auch das Urteilen kann ungeniert losgelassen werden. Es gibt keinen Grund dafür, festzuhalten. So erleben Sie das Leben immer unmittelbarer – und zwar so, wie es ist.

Die Gewohnheit, loszulassen, scheint nicht ganz so einfach zu sein. Niemand hat gesagt, dass es das ist. Und doch ist es gar nicht zu schwierig, wenn man etwas einfach nicht mehr tut. Was einem dabei im Weg steht, etwas nicht mehr zu tun, sind die Worte: „Ich kann das nicht." Wenn ich Ihnen sage: „Setzen Sie sich bitte!"

Was tun Sie dann?

Sie setzen sich einfach hin. Wenn Sie aber „Ich kann nicht!" sagen, dann werden Sie es weder können noch tun.

Wenn zwischen einem Impuls und einer Handlung ein Gedanke, eine Ansicht oder ein Wille steht, dann wird die Handlung anders ausfallen. Nachdenken verfälscht das Handeln. Nachdenken verhindert so manches Handeln.

Warum?

Weil man z. B. glaubt, es anders oder besser machen zu müssen.

Was ist also zu tun?

Spontanes Handeln ist angesagt. Spontanes Handeln ist aber gar nicht so leicht einzuordnen. Deshalb sollte man das auch gar nicht versuchen. Es gibt spontane Handlungen, die einfach passieren. Es gibt aber auch überstürzte Handlungen, die sich auch nicht wirklich gut anfühlen werden. Warum? Weil ein Mensch vor lauter überschwänglicher Freude oder aus verbittertem Zorn nach einem alt eingeprägten Muster reagiert.

Ein Schema, das sich durch das ganze Leben zieht und man ebenfalls als schlechte Gewohnheit bezeichnet. Nicht nur stundenlanges Fernsehen, Nasenbohren oder Rauchen sind schlechte Gewohnheiten. Auch alltägliche Verhaltens- und Redensfloskeln gehören dazu, auch wenn wir das nicht gleich erkennen können. Immer etwas Lustiges sagen zu müssen oder eine Bemerkung am Rande, der sogenannte Senf, den man überall dazugeben muss, sind auch Muster, die durchschaut werden müssen.

Solange man sie aber selbst gar nicht erkennt, kann man sie nicht aufgeben. Oft hat man sie erkannt und pflegt sie weiterhin. Man kann es einfach nicht lassen. Haben Sie Geduld mit sich selbst und vertrauen Sie darauf, dass sie eines Tages einfach nicht mehr hier sein werden. Plötzlich sind sie weg und es ist so, als hätte sie es niemals gegeben.

Nur keinen Widerstand leisten, sich Schuldgefühle einreden oder sie unbedingt loswerden wollen!

Dies verstärkt sie eher und damit erreichen Sie das Gegenteil von dem, was Sie sich erhoffen. Also machen Sie sich jedes Mal umgehend bewusst, dass gerade etwas geschehen ist, was Sie so nicht wollten. Alleine die Erkenntnis ist schon der Weg der Verabschiedung. Danach ist es wichtig, keine Achtsamkeit mehr darauf zu lenken, zumindest nicht mehr, als es notwendig ist.

Nehmen Sie das alles nicht so wichtig! Nehmen wir uns am besten selbst nicht mehr wichtig! Lachen wir über uns, und haben wir Nachsicht mit uns selbst. Seien wir dankbar dafür, dass wir nicht noch schlechtere Angewohnheiten haben. Das ist bereits die „Vorarbeit", die wir im Bereich „Entwöhnung" leisten können.

Alles sollte mit Leichtigkeit geschehen und ganz ohne Eile und Stress. Je harmonischer Sie mit sich selbst umgehen, umso harmonischer wird sich auch Ihr Leben gestalten. Dann sind Sie ein wahrhaftiger Lebensberater. Sie vertrauen darauf, dass das Leben, Ihr Leben, optimal lenkt und sich viele Störfaktoren ganz von selbst erledigen.

Lösungsorientiertes Denken und Handeln

Probleme und Schwierigkeiten, wer kennt sie nicht ... Und doch existieren sie immer nur für vereinzelte Menschen, kann es also wirklich ein Problem geben? Als Lebensberater wissen wir, dass wir ja genau hier ins Spiel kommen. Wer braucht schon einen Berater, wenn alles in Ordnung ist?

Es gibt kein „Gesamtproblem", das jeden Menschen betrifft. Was für den einen gut ist, ist für den anderen schlecht. Der eine verliert den Job, der andere bekommt ihn. Die, die sich Kinder wünschen, bekommen keine und die, die welche bekommen, haben sich diese vielleicht gar nicht gewünscht. Wir können also erkennen, dass ein Problem immer nur etwas Individuelles ist und beim genaueren Hinsehen sieht es noch einmal ganz anders aus.

Warum?

Weil es die Sicht ist, die entscheidet, ob man ein Problem hat oder nicht. Natürlich gibt es Lebenssituationen, die nicht ganz einfach sind. Doch Herausforderungen sind dazu da, dass man sich ihnen stellt und nicht dafür, dass man sich in sie hineinmanövriert. Die Art, mit Problemen umzugehen, entscheidet darüber, wie sich alles weiterentwickelt. Wer alles mit einem gesunden Menschenverstand betrachten kann und dabei eine gesunde Distanz bewahrt, wird jede noch so schwierige Situation mit Bravour meistern. Er geht nicht in die Situation hinein, sondern spaziert durch sie hindurch.

Fällt er hin, steht er wieder auf. Fällt er nochmals hin, steht er ein weiteres Mal auf. Irgendwann hat er das Problem hinter sich gelassen, andere tragen es weiterhin im Kopf mit sich herum. Wer sich maßlos darüber ärgert und dagegen steuert, wird darin stecken bleiben. So können kurze Unstimmigkeiten zu Longsellern werden. Probleme, die man mitunter über Monate oder gar Jahre mit sich herumträgt, werden zur wahren Tortur.

Dazu fällt mir eine kurze Episode ein: Zwei Mönche ziehen des Weges. Sie erblicken eine gut gekleidete, junge hübsche Frau am Flussufer, die offensichtlich den Fluss überqueren will. Doch man sieht an ihrem ratlosen Gesicht, dass sie sich ihre Kleider nicht verderben will.

Die Mönche kommen näher und treffen auf die Frau.

Ohne Zögern bietet ihr einer der Mönche an, sie über den kleinen Fluss zu tragen. Die junge

Frau freut sich und klettert auf seinen Rücken. Der andere Mönch blickt seinen Genossen entgeistert an und schüttelt den Kopf.

Ohne sich davon beirren zu lassen, trägt der Mönch die junge Frau über den Fluss. Auf der anderen Seite angekommen, setzt er sie am trockenen Ufer ab.

Die Frau bedankt sich, geht weiter und winkt ihnen noch freundlich zu

Voller Entsetzen spricht der eine Mönch zum anderen: „Wie konntest du nur?!? Es steht uns nicht zu, eine Frau zu berühren! Noch dazu war das eine sehr hübsche, junge Frau!! Es ist gegen unsere Vorschrift – und du weißt das! Wie konntest du nur gegen unsere Regeln verstoßen?!?"

Der zweite Mönch erwidert: „Die junge Frau hat offensichtlich Hilfe gebraucht und die habe ich ihr angeboten!"

Der erste Mönch wird lauter und ruft: „Aber du weißt, es ist gegen die Vorschrift! Wir dürfen das nicht!! Ich verstehe deine Haltung nicht!!!"

Der zweite Mönch, der die Frau über den Fluss getragen hat, hüllt sich in Schweigen.

Der erste Mönch fragt noch lauter: „Willst du mir denn keine Antwort geben? Du hast wohl ein schlechtes Gewissen?! Ich hätte dich gleich darauf aufmerksam machen müssen, dass wir das nicht tun dürfen!!"

Da entgegnet der zweite Mönch: „Ich habe der jungen Frau geholfen und sie am Ufer abgesetzt, du aber trägst sie immer noch mit dir herum!" (Verfasser unbekannt)

Wertvolle Praxis:

Beginnen Sie damit, Ihre ganze Aufmerksamkeit vom Problem abzuziehen und sie auf etwas Positives umzulenken. Halten Sie sie am besten auf mögliche Chancen und Lösungen gerichtet. Den Ernst des Lebens, Rollen, Verhaltensmuster und alles Unwesentliche können Sie sein lassen, dann werden Sie unendlich viel Zeit für das Wesentliche haben. Und wie lässt man das Denken los? Indem man es durch die Wahrnehmung dessen, „was ist", ersetzt.

Der Verstand ordnet ein und bildet Meinungen. Das Herz nimmt wahr, was in diesem Moment ist. Fakt ist, dass nichts ist. Das, was das Problem „ist", ist es in Wirklichkeit gar nicht.

Ein Problem kann nicht sein, es kann nur erscheinen. Da es kommt und geht, hat es keinen Bestand. Also ist es etwas Vergängliches. Warum also ständig darin herum graben, wo es sowieso wieder verschwinden wird?

Das heißt nicht, dass wir Lebensumstände ignorieren sollen. Nein! Stellen wir uns jeder Situation mit einer Leichtigkeit und der Nachsicht, dass weder wir noch das Leben, weder unsere Mitmenschen noch irgendetwas perfekt ist. Das muss es auch nicht sein.

Alles ist so absolut in Ordnung, wie es sich gerade zeigt, es muss nichts verändert werden. Das Einzige, was wir ändern sollten, ist die Sicht auf die Dinge – und zwar von der Verstandessicht in die Herzenssicht überzugehen.

Lösungsorientiertes Handeln ist nichts Geplantes. Es liegt in unserer ureigenen Natur, die wir wohl etwas vernachlässigt haben. Am besten beenden wir das Nachdenken über Lösungswege und schaffen so Raum, damit Lösungen in unser Leben eintreten können. Dann können wir auch noch jede Form von Suche loslassen sowie den, der sucht.

Wenn wir alles Unvollkommene losgelassen haben, stellt sich Vollkommenheit ein. Sie sind vollkommen. Nicht erst morgen, sondern jetzt. Es kann gar nicht anders sein, weil immer nur Jetzt ist.

Treten Sie ganz bewusst in die eigene, natürliche Vollkommenheit und Schönheit Ihres wahren Wesens ein, indem Sie das, was Sie gerade tun, vollkommen tun. Dies betrifft nicht nur eine Handlung, sondern auch das Loslassen selbst, das immer nur vollkommen gelingen wird.

Ich lasse meine Beziehung immer vollkommener werden, indem ich selbst ein idealer Partner bin, und wenn sich eine Beziehung erfüllt hat, beende ich sie vollkommen in Harmonie und Liebe. Ich mache aus meinem Alltag einen vollkommenen Erfolg, einfach, indem ich vorher nicht aufhöre, und bringe so jedes Vorhaben zu einem vollkommenen Abschluss. Ich mache aus jedem Tag, und damit aus meinem Leben, ein vollkommenes Kunstwerk und irgendwann verlasse ich vollkommen bewusst einen vollkommen gesunden Körper nach einem langen, erfüllten Leben.

Bis dahin halte ich meine Aufmerksamkeit auf die Vollkommenheit meines wahren Wesens gerichtet und lade es damit ein, ein Teil meines Lebens zu sein. Trete als das Eine-Sein bewusst ein in das Spiel des Lebens und erlebe immer neue Aspekte der eigenen, natürlichen Vollkommenheit.

Plötzlich ist alles ganz einfach und ich lebe in der Leichtigkeit des Seins. Es ist ein Erwachen aus einem langen Traum und ein Einstieg in ein bewusstes Leben, in der Wirklichkeit des Seins. Von einem Augenblick zum anderen bin ich plötzlich zu Hause angekommen und alles ist nur einen Gedanken entfernt.

Das heißt auch, einzutreten in die natürliche Fülle des Lebens und ich erlebe mein ganzes Leben als Meditation, lebe in der Vollkommenheit des Jetzt, denn wahres Leben ist nur jetzt möglich. Im Jetzt gibt es auch kein Problem, kein Leid, denn das braucht ein Ich, um es zu erfahren.

Im Jetzt existiere ich aber nicht, denn die Illusion des Ichs kann nicht in der Wirklichkeit des Jetzt bestehen. Ich lasse mich ganz ein auf die Weisheit des Jetzt. Ich bin ganz bewusst der, der ich wirklich bin, und habe damit alles erreicht, ohne etwas erreichen zu wollen. Ich bin am Ziel – ich bin das Ziel. Ich bin endlich bei mir selbst angekommen.

Nun erst kann ich erkennen, dass ich nie weg war. Und der, welcher suchte, ist das gesuchte Selbst. Ich kann jederzeit in diese wunderbare Erfahrung eintreten und lebe in heiterer Gelassenheit in der Leichtigkeit des Seins. Frage mich, warum ich mir diese wunderbare Erfahrung so lange vorenthalten habe und trete dankbar ein in die Weisheit des jetzigen Augenblicks.

Willkommen zu Hause!

Erkennen Sie, dass Erfolg, Besitz, Ansehen nur irdische vorübergehende Spielsachen sind, die sich auch abnützen und an Wert verlieren, welche Sie ohnehin hier zurücklassen müssen und werden. Diese Erkenntnis führt zu einer unerschütterlichen Gelassenheit und Sie genießen das Leben wie eine Melodie. Sie kommen so vom Werken zum Wirken. Wirken heißt, eins zu sein mit der Wirklichkeit, mit dem, was wirkt.

Wirken heißt auch, Liebe durch sich geschehen zu lassen. Dann leben Sie bewusst in der Leichtigkeit des Seins und genießen das Spiel des Lebens. Es beginnt damit, ganz da zu sein, wirklich präsent und die Qualität dieses

Augenblicks wahrzunehmen, indem Sie Ihre Aufmerksamkeit darauf richten und gerichtet halten.

Seine Aufgabe, seine besondere Chance. Jetzt in diesem Augenblick gibt es auch kein Problem, kein Leid, denn das braucht ein Ich, um es zu erfahren. Im Jetzt gibt es aber kein Ich, denn die Illusion des Ichs kann nicht in der Wirklichkeit des Jetzt bestehen.

Im Jetzt gibt es auch kein Alter und Sie erleben bewusst, dass Sie alterslos sind. Da ist auch kein Karma vorhanden, denn nur ein Ich kann Karma haben. Da gibt es auch keine Sorgen, weil es kein Urteil gibt, da ist Gedankenstille. Keine Vergangenheit, das ist nur eine Erinnerung, keine Zukunft, da ist nur eine Möglichkeit, die auf Ihre Anweisung wartet, hier und jetzt.

Wie Sie verborgenen Talente und Fähigkeiten aktivieren

Alles beginnt mit einem Schritt. Ohne einen Schritt nach vorne werden Sie nicht vorankommen. Wer stehen bleibt, stagniert, wer rennt, wird leichter stolpern. Treten Sie also ganz ohne Vorstellung, Hektik, Wollen und Ziel vollkommen bewusst in Ihre innere Schatzkammer ein.

Den Schlüssel zur bewussten Gestaltung Ihrer Zukunft kann Ihnen keiner in die Hand geben, da Sie selbst dieser Schlüssel sind. Sie finden ihn nicht in Ihrem Leben, Ihren Aktivitäten oder in Ihrem Umfeld, Sie finden ihn dort, wo Sie ihn am wenigsten vermuten.

Eine alte Geschichte erzählt von der geistigen Welt. Höhere Mächte hatten zu entscheiden, wo sie die höchste Kraft des Universums – die Antwort auf all unsere Fragen – verstecken sollten, damit kein Mensch dieses Geheimnis je erfahren sollte, bevor er nicht dazu reif war, diese Kraft auch verantwortungsvoll einzusetzen.

Ein Teil dieser Macht entschied sich für ein Versteck auf der Spitze des höchsten Berges. Ein anderer Teil dieser Macht äußerte den Vorschlag, sie auf dem Grunde des Meeres zu verstecken. Ein weiterer Teil dieser Macht hatte die Idee, diese Kraft tief in den Wäldern zu verbergen. Denn alle wollten, dass die größte Macht der Liebe und der Erkenntnis nur dem zur Verfügung stehen sollte, der auch wirklich reif für diese Erfahrung ist.

So traten sie vor das höchste Gericht des Universums. Die weisesten Mächte sprachen: „Diese Orte sind nicht sicher genug. Es könnte jemand dorthin gelangen, der noch nicht offen genug für diese wertvolle Botschaft ist." Weiter äußerten sie: „Ich weiß, wo wir diese höchste Kraft verstecken könnten.

Wo nie jemand danach suchen wird, bevor er nicht dazu bereit ist, den Weg nach innen zu gehen. Wir verstecken diese Kraft im Menschen selbst. Da wird sie immer sein, bis wir sie in Besitz nehmen und achtsamen Gebrauch davon machen. Und der, der bereit ist, kann das Abenteuer des eigentlichen Lebens beginnen. (Verfasser unbekannt)

Eigentlich ist jeder Mensch Lebensarchitekt und Zukunfts-Designer seines Lebens. Wir alle gestalten unser Leben selbst und sind verantwortlich für unser Tun. Unser Tun erzeugt Wirkungen, aber auch Gedanken, Gefühle und Worte rufen Wirkungen hervor. Und wir alle haben eine innere Schatzkammer an Talenten,

Fähigkeiten und Kräften, ein geistiges Potenzial, das nur darauf wartet, entdeckt und gefördert zu werden. Wir nutzen wahrscheinlich nicht einmal 1 % des Potenzials, das wir zur Verfügung *hätten*. Wir sind grenzenlose Wesen, der Mensch aber begrenzt sich selbst – und zwar in seinem Denken.

Das Denken spielt sich innerhalb der Dualität, des Raum-Zeit-Kontinuums ab und natürlich ist in diesem Raum, wo alles der Vergänglichkeit unterliegt, der Horizont begrenzt. Wir hören nur bis zu einer gewissen Reichweite, sehen nur, so weit das Auge reicht, und denken in unseren Erinnerungen und Prägungen. Was aber alles möglich und definitiv vorhanden ist, wird kaum wahrgenommen.

Es gibt so viel, was wir nicht sehen können, und obwohl es unsichtbar ist, ist es die eine Substanz des Lebens. Unser inneres Genie wartet darauf, geweckt bzw. aufgeweckt zu werden, ebenso unsere Kreativität sowie schlussendlich das Essenzielle: unsere natürliche Vollkommenheit.

Als ein persönliches und begrenztes Ich haben Sie keine Chance, diese Schatzkammer zu betreten. Als Sie selbst aber steht Ihnen alles offen, es wartet nur darauf, dass es in Besitz genommen wird. Wir alle sind in den meisten Bereichen mittelmäßig. Aber jeder hat zumindest einen Bereich, in dem er spitze sein kann. Und der muss entdeckt und gefördert werden. Mittelgut bis halb schlecht zu sein, reicht Ihnen das? Irgendwann sollten wir uns entscheiden, ob wir freiwillig in dieser Begrenzung vor uns her leben oder unsere Aufmerksamkeit lieber auf das 100%ige richten, was uns aufrichten kann. Eine gebückte Haltung hat sich in uns eingeschlichen. Ist sie auch äußerlich nicht sichtbar, so ist es mit ziemlicher Bestimmtheit die Seele, die verkümmert ist und ein tristes Dasein fristet.

Beginnen wir also damit, uns selbst zu fördern, indem wir uns fordern. Wenn wir auf diese Welt kommen, verfolgen wir damit eine bestimmte Absicht, die den meisten Menschen unbekannt erscheint. Es ist das Ziel der Selbstverwirklichung, die „Entwicklung" des Ichs zum Selbst. Dazu muss das Ich nicht aufgelöst werden, da sich die Persönlichkeit ja nicht auslöschen lässt.

Die benötigen Sie ja dazu, um Ihr Leben zu erfahren. Es geht lediglich um die Erkenntnis Ihrer ureigentlichen Identität. Es geht darum, die Illusion des Ichs zu durchschauen und seine wahre Herkunft anzuerkennen.

Wir alle haben nicht nur Fähigkeiten mitgebracht, sondern auch welche in uns schlummern, die uns viel Freude bereiten. Dazu müssen sie aber erst entdeckt werden. Geschieht das, so können uns diese Fähigkeiten aber nur dann erfüllen, wenn wir sie vollkommen leben und in ihnen die Freude entdecken. Es ist nämlich nicht so, dass uns ein gewisses Talent sofort einen Hochgenuss beschert.

Es muss zuerst daran gearbeitet und gefeilt werden, denn Talente brauchen Förderung. Sie sollten uns fordern, und zwar dazu auffordern, in ihnen die Freude zu entdecken. Da dies oft nur mit viel Zeit, Hinwendung, Geduld und eventuell auch körperlicher Anstrengung zu erreichen ist, geben viele Menschen vorher auf.

Sie sagen dann: „Nein, das ist nichts für mich", „Das mag ich nicht" oder „Das ist mir zu schwierig". Es gibt nichts, was zu schwierig ist, das Leben stellt uns nur Dinge in den Raum, die wir auch bewältigen können.

Vielleicht fühlen wir uns oft überfordert, doch genau darin liegt die Herausforderung, dieser Aufgabe standzuhalten und den selbst auferlegten Druck abzubauen.

Druck kommt niemals von einer Lebenssituation. Er kommt auch niemals von innen oder von außen. Keine Situation und kein Mensch kann es schaffen, uns unter Druck zu setzen. Das glauben wir zwar und das bilden wir uns ein, doch den Druck machen wir uns immer nur selbst.

Wir wollen entsprechen, wir wollen dies tun und das nicht, hierin wollen wir gut sein, anderen wollen wir gefallen und dies und das wollen wir unbedingt noch erledigen.

Wie auch immer, wir wollen ständig etwas. Die Ursache für Druck ist also das Wollen. Wenn Sie nichts mehr wollen, werden Sie auch keinen Druck mehr empfinden.

Wie also ordnen Sie sich in den optimalen Lebensfluss ein? Was also gewährleistet beste Leistung und Harmonie in allen Lebensbereichen?

Lassen Sie das Wollen sein. Legen Sie Wünsche ad acta und lassen Sie Absichten beiseite. Leben Sie den Augenblick frei von Druck und Wollen.

Hören Sie damit auf, das Leben nach Ihrem Geschmack hin ausrichten zu wollen und manipulieren Sie es nicht. Lassen Sie ihm seinen Lauf und alles andere ergibt sich von selbst. Es wird sich ganz natürlich verbessern und harmonisieren.

Oft haben wir ein ganzes Bündel von Talenten. Das ist sogar eher die Norm als die Ausnahme. Und doch hat jeder ein besonders herausragendes Talent, das aber oft unentdeckt bleibt, weil es wie ein Diamant in der ursprünglichen Form eher unscheinbar ist. Erst der entsprechende Schliff lässt die Qualität sichtbar werden.

Einstein fand neben der Liebe zur Physik auch zu einem beachtlichen Geigenspiel und Mozart komponierte nicht nur schon als Kind genial, er hatte auch eine beachtliche Begabung zur Mathematik. Die Grundlage all dessen ist unsere Intelligenz, ohne die kein Talent wirksam werden kann. Aber auch sie kann gefördert und deutlich gesteigert werden. Intelligenz ist zwar nicht die einzige Voraussetzung, um einem Talent zum Durchbruch zu verhelfen, aber so etwas wie das Fundament.

Etwa 50 % unserer Begabung stammt aus unserem Erbgut, die anderen 50 % bilden sich jedoch aus Umwelteinflüssen und unseren persönlichen Vorlieben heraus. So kann gezieltes Training manches wettmachen, was die Natur uns nicht mitgegeben hat.

Das ist bei den Muskeln ebenso der Fall wie bei den grauen Zellen. Was genutzt wird, entwickelt sich, was nicht genutzt wird, verkümmert.

Der beste Tipp, um seine verborgenen Talente zu finden, ist:

Stärken zu stärken, bedeutet, sie zu finden und zu entwickeln. Lassen Sie sich von der Freude und der inneren Inspiration führen. Nur, was man wirklich gerne tut, kann man auch richtig gut tun. Und gestatten Sie es dem Leben, Sie dafür fürstlich zu entlohnen, was Ihnen ohnehin am meisten Freude bereitet. Dann macht sich Ihr Talent auch noch bezahlt.

Jeder Mensch ist ein Energiefeld mit einer ganz bestimmten Schwingung, seiner individuellen energetischen Signatur. Jeder andere empfängt, bewusst oder unbewusst, diese Schwingung und reagiert darauf mit Abneigung oder Zuneigung.

Diese Ausstrahlung bestimmt den größten Teil unseres Lebens, damit ziehen wir auch entsprechende Ereignisse in unser Leben herein und bestimmen so unsere Lebensumstände, unser sogenanntes Schicksal.

Eine Erfolgspersönlichkeit sein

Alles beginnt damit, wie offen wir sind und dies als Grundbaustein des Erfolgs einmal in Erwägung zu ziehen. Das beginnt mit der bewussten Wahl Ihrer Laune – diese bestimmt dann auch Ihre Ausstrahlung und Ihr Charisma, Ihr So-Sein. Das Leben sendet Ihnen Ereignisse. Es stellt Sie vor Aufgaben und gibt Ihnen Möglichkeiten, über Ihr begrenztes Ich hinauszuwachsen.

All das, was sich in Ihrem Leben ereignet und ergibt, entspricht Ihren Gedanken. Und zwar diesbezüglich, wie Sie von sich selbst, dem Leben und den anderen denken. Es sind also Ihre Gedanken, die Ihr Leben bestimmen, da sich Leben nur dort abspielen kann. Alles basiert auf Vorstellungen und Ideen. Das, was wir Wirklichkeit nennen, ist nur eine individuelle und persönliche Wirklichkeit und niemals die eine Wirklichkeit, auf der Leben aufgebaut ist.

Sie können jeden Augenblick in ein neues Leben eintreten und somit die Chance zum Besseren hin jeden Moment nutzen. Charisma schafft eine Aura des Erfolgs und macht Sie zu einer Erfolgs-Persönlichkeit, der Erfolg scheinbar mühelos in den Schoß fällt. Damit nutzen Sie auch die Macht des ersten Eindrucks. In den ersten sieben Sekunden einer Begegnung schaffen Sie den entsprechenden ersten Eindruck durch Ihr So-Sein, Ihre Ausstrahlung, aber auch aufgrund Ihrer Voraussetzungen und Ihres Vorbildes sowie durch Ihre Stimme.

Nicht nur das, was Sie sagen, ist wichtig, sondern ebenso, als wer Sie sprechen, als ein begrenztes oder unbegrenztes Ich. Es ist wichtig, ob Sie wirklich Sie selbst sind oder ob Sie nur eine Rolle spielen. Ob Sie sich von Ihrer besten Seite zeigen und überzeugen wollen und sich daher verstellen. Wer nicht authentisch ist, kommt meist auch nicht so gut an. Ob Sie ein „Gewinner" oder „Verlierer" sind, steht am Start bereits fest. Wenn Sie Voraussetzungen geschaffen und die richtigen Ursachen gesetzt haben, geschieht alles in den ersten sieben Sekunden.

Die restlichen ersten Minuten über vertiefen Sie das Miteinander durch die Wortwahl – oder eben auch nicht. Es liegt ganz daran, wie sehr Ihr Innerstes präsent ist und welche Rolle Ihr Ich dabei spielt.

Durch die Macht des ersten Eindrucks haben Sie bereits Ihren Erfolg oder Misserfolg verursacht und bestimmt. Das ist uns natürlich kaum bewusst und genau deshalb sollten wir hier Zeichen setzen.

Entscheidend für einen optimalen ersten Eindruck ist auch Ihr Selbstbild.

So wie Sie sich sehen, wird man Sie auch wahrnehmen. Der andere kann Sie nur so sehen, wie Sie sich selbst einordnen. Wenn Sie nicht zu sich stehen und unsicher sind, wie soll Sie der andere als „stark" empfinden? Außerdem ist uns oft nicht bewusst, *dass das Außen nur unserer inneren Einstellung, unseren Gedanken und Vorstellungen folgen kann.* Das sollten Sie sich nicht nur merken oder zu Herzen nehmen, sondern tief innerlich erfassen.

Wie Sie sich selbst sehen und wahrnehmen, was Sie von sich selbst halten, wie Sie mit sich selbst umgehen, all das ist natürlich Teil Ihrer energetischen Signatur. Und diese ist das, was Sie ausstrahlen, also, wie Sie schlussendlich wahrgenommen werden. Ihr Umfeld reagiert auf diese Signatur, die ich seit jeher so bezeichne, weil sie ein energetisches Aushängeschild darstellt und ist. Man reagiert darauf und behandelt Sie dementsprechend, nämlich darauf, wie respektvoll Sie mit sich selbst umgehen.

Machen Sie sich bewusst, dass Sie von Natur aus weder ein Gewinner noch ein Verlierer sind. Auf irdischer Ebene werden Sie immer beides bleiben, weil die Sicht darüber entscheidet, was man unter Gewinnen und Verlieren versteht. Aus einer tieferen Sicht heraus sind Sie das, was einen Gewinner und Verlierer überhaupt erst hervorbringen kann. Und das ist universelles Bewusstsein, was unveränderlich ewig ein und dasselbe ist und sein wird.

Bei der Zeugung für Ihren physischen Körper gingen 3 Millionen Samenzellen an den Start, aber Sie haben gewonnen. Sie haben es geschafft, obwohl Sie noch gar nichts vom Verlieren und Gewinnen wussten. Leben Sie daher bewusst als der, der Sie wirklich sind. Sie sind bereits am Ziel, bevor Sie sich eigentlich auf den Weg machen. Wenn Sie das auch so sehen, wirklich so sehen, haben Sie schon gewonnen, bevor überhaupt etwas begonnen hat.

Der erste Eindruck ist Teil des Erfolges. Für einen optimalen ersten Eindruck ist auch entscheidend, worauf Sie Ihre Aufmerksamkeit richten, nämlich genau dorthin wird Ihre Schöpferkraft fließen. Diese verwirklicht genau das, worauf Sie Ihre Aufmerksamkeit richten, ob Sie dies wollen oder nicht.

Ich nenne diese Ausrichtung auch Schicksalsauswahl-Empfänger, weil Sie durch Ihre Ausrichtung (Ursache) eine Folgewirkung erzielen. Meist richten wir aber die ganze Kraft auf das, was wir nicht wollen, und ziehen dadurch genau das in unser Leben. Warum? Weil wir aus diesem Mangelbewusstsein heraus genau das anziehen, was wir nicht wollen, obwohl wir genau das ausgesendet haben. Ob unwillentlich oder bewusst – Fakt ist: alles kommt zu Ihnen zurück und alles entspricht Ihrem Sein (Ihrer Sichtweise, Ihrer Ausstrahlung, Ihrer Energie, Ihren Gefühlen, Worten, Handlungen und Gedanken).

Wenn Sie also sagen: „Ich habe ja gesagt, dass dies oder jenes passiert", und das dann auch wirklich eintrifft, haben Sie leider keine hellseherischen Fähigkeiten, sondern erleben einfach nur eine natürliche Folge einer unsichtbaren Programmierung. „Ach, da gehe ich nicht hin, der mag mich sowieso nicht!" Oder: „Das bringt ja sowieso nichts." Ja, das stimmt, Sie haben es ja bereits ausgesprochen. Wie soll ein Tag schön oder erfolgreich werden, wenn Sie frühmorgens beim Aufstehen feststellen, dass Sie den Tag nicht leiden können.

Der Tag wird Sie ebenfalls nicht mögen und Ihre Befürchtung tritt zu 100 % ein. Es wird Ihnen immer wieder gelingen, Ihnen Ihren Tag selbst zu vermiesen, wenn Sie mit den Mundwinkeln nach unten aus dem Bett steigen. Geben Sie dem Tag doch die Chance, Sie zu lieben.

Lassen Sie sich von ihm überraschen! Indem Sie nicht schon vorher gedanklich festlegen, dass er nicht gut sein wird. Indem Sie ihm keine Missgeschicke überstülpen und keine Vermutungen anstellen, wie er denn verlaufen wird oder könnte. Lassen Sie den Tag sich selbst entwickeln und geben Sie ihn frei. In dem Moment, wo Sie sowieso schon wissen, dass ein Geschäft nicht klappen wird, haben Sie mit ziemlicher Sicherheit bereits eine Ursache gesetzt.

Die Wirkung wird genau die sein, über die Sie sowieso schon Bescheid wissen.

Also, wie soll es dann klappen?

Wie soll es zustande kommen?

Wie soll es sich positiv zeigen?

Es zeigt sich positiv, wenn Sie es sind und umgekehrt wird es auch im negativen Sinne der Fall sein.

Ich frage Sie: Warum müssen Sie alles schon vorher wissen oder befürchten? Befürchtungen sind die Vorboten von Enttäuschungen. Enttäuschungen sind keine Missgeschicke, sondern Geschenke. Wir werden der Täuschung beraubt. Ist das nicht herrlich?

Da Sie alles bewusst oder unbewusst selbst steuern und lenken, müssen Sie achtsam sein, vor allem diesbezüglich, als wer Sie etwas sagen, denken und tun.

Schauen Sie gut darauf, immer positiv zu sein. Ihre Ehrlichkeit, Dankbarkeit und Natürlichkeit sowie Ihr Humor tragen ebenso zu Ergebnissen bei, die sich in Ihrem Leben einstellen werden. Nutzen Sie die Macht des Geistes optimal, denn Sie verfügen über eine ganze Reihe von geistigen

Werkzeugen, die nur darauf warten, endlich zum Einsatz zu kommen. Das ist vor allem das bewusste Richten Ihrer Aufmerksamkeit, die eine Art Schicksalsauswahl-Empfänger ist und dem Leben Daueraufträge für Ereignisse und Situationen erteilt.

Damit ziehen Sie ständig entsprechende Umstände in Ihr Leben und bestimmen das, was geschieht. Der eine nennt es Schicksal, ich sehe es als Folge unserer energetischen Signatur.

Manifestieren, aber richtig

Entwickeln Sie die Fähigkeit, negative Gedanken, Gefühle und Überzeugungen zu erkennen und aufzulösen, bevor sie als Ereignis in Ihr Leben treten können. Dazu gehören auch Ärger, Angst, Aggressionen und Stress. Nutzen Sie dazu doch auch Ihren Zauberstab namens Gedankenkraft. Auch wenn einem der Verstand oft im Weg steht und er auf dem Weg in die eigentliche Heimat ein Hindernis darstellen mag, so können wir ihn doch sehr sinnvoll einsetzen.

Machen Sie Ihr Denken zu Ihrem Freund, zu Ihrem Verbündeten auf dem Weg der Befreiung und versuchen Sie nicht, ihn zu verbannen. Wer ihn loswerden will, dem wird es nicht gelingen und der Verstand kann wirklich sehr hilfreich sein. Sie müssen ja nicht an Geld, Schweinebraten und Profit denken, Sie können in Gedanken auch in der göttlichen Pracht baden.

Niemand hindert Sie daran, universell und groß zu denken oder darüber nachzudenken. Keiner sagt Ihnen, dass Sie sich jeden Tag sorgen müssen und Ihre Gedanken frei umherirren lassen. Zügeln Sie Ihre Gedanken und machen

Sie sich bewusst, wie wertvoll Sie sind. Gedanken sind Materie formende Energie. Vergessen Sie das nie. Schlechte Gedanken, sich selbst oder jemand anderem gegenüber, materialisieren Ereignisse, die nicht unbedingt erfreulich sein werden.

Deswegen ist Ihr Gedankengut der größte Schatz. Aus dieser Schatzkammer holen Sie Glanzvolles oder Verfaultes heraus. *Was wir denken, werden wir erleben, was wir erleben, ist das, was wir denken.*

Sie denken wie alle Menschen mindestens um die 50.000 Gedanken pro Tag, aber kaum jemand ist sich bewusst, dass jeder Gedanke als Ereignis, Situation oder als dementsprechender Lebensumstand zurückkehren wird. Auch jedes Gefühl, jede Überzeugung und natürlich jede Handlung hat eine entsprechende Wirkung. Ich wiederhole mich hier, doch das kann man nicht oft genug hören und sagen.

Wir sollten das nicht nur wissen, sondern uns dessen bewusst sein! Sie bestimmen in jedem Augenblick Ihr Schicksal selbst und nur dort, wo es bestimmt wird, kann es auch geändert werden. Die meisten Menschen versuchen die Wirkung zu verändern und das kann nicht funktionieren. Wenn Sie heißes Wachs auf einen Teppich tropfen, dann geht das nur schwer wieder weg. Also gilt es, kein Wachs mehr auszugießen und achtsamer zu sein. Wer weiß, wie harte Wirkungen im Leben entstehen, kann auch an den Ursachen arbeiten. Erforschen Sie diese Thematik, anstatt darüber nachzudenken, wie Ihr Leben weitergeht, denken Sie lieber über das Ursache-Wirkung-Prinzip nach.

Und wenn Sie das getan haben, gehen Sie weiter und bleiben Sie nicht an der Oberfläche des Nachdenkens stecken. Gehen Sie dem Ganzen mit Ihrem Herzen auf den Grund. *Kopfwissen alleine wird Ihnen nicht weiterhelfen, inneres Wissen ist die Lösung aller Probleme und der Schlüssel zur Erlösung.*

Alles hat seine einmalige Frequenz, wie eine Handynummer. Sobald Sie wählen, gehen Sie damit in Resonanz und ziehen die entsprechenden Ereignisse in Ihr Leben. Das bedeutet, mit der Auswahl Ihrer Ausrichtung treffen Sie eine Wahl, der eine Wirkung folgt. Die Ausrichtung Ihrer Aufmerksamkeit ist also ein fundamentales Werkzeug, auch wenn Sie sich dessen gar nicht bewusst sind.

So manifestieren Sie Umstände, über die Sie sich eigentlich gar nicht wundern müssten, wären Sie sich der Ursachensetzung bewusst. Wenn sich die Menschen bewusst wären, dass sie selbst die Ursache für alle Wirkungen im Leben sind, die ihnen widerfahren, würden sie sicher von sich aus etwas tun, um hier bewusster zu sein. Sie wählen also gedanklich, emotional sowie wortwörtlich „in der Tat" eine Frequenz und diese Frequenz hat absolut schöpferische Kräfte. Sie ist diese schöpferische Kraft. Wenn Sie also etwas gezielt erreichen wollen, dann stellen Sie es sich doch einfach vor.

Malen Sie es sich bis ins kleinste Detail aus. Ein guter Lebenscoach ist sich seiner imaginären Kräfte bewusst und setzt Sie auch ein, um sein Leben zu gestalten. Indem Sie Ihr Bewusstsein mit einer bestimmten Gedankenkraft erfüllen und anschließend auch in der gewünschten Erfüllung bleiben, wird alles möglich sein. Bleiben Sie so lange in der Gewissheit, dass etwas schon so ist, wie Sie es sich wünschen, bis das Gewünschte als Ihre erlebte Realität in Erscheinung tritt. Alles, was Sie denken, sich vorstellen und glauben können, ist möglich.

Wenn Sie sich gesund, erfolgreich und wohlhabend fühlen, werden Sie gesünder, erfolgreicher und wohlhabender sein. Dies besagt das Gesetz der Resonanz. Wie bei einem Fernsehprogramm kann nur das gewählte Programm auf dem Bildschirm empfangen werden, obwohl unzählige andere Programme ebenfalls zur Verfügung stehen. Auch Sie könnten gewählt werden, doch bleiben Sie inaktiv, solange sie nicht ausgewählt werden.

Treffen Sie ab sofort die Auswahl für Ihr Leben, in jeder Situation und bis ins kleinste Detail:

Alles, was Sie erleben, wird dadurch bestimmt, womit Sie Ihr Bewusstsein erfüllen, worauf Sie vorwiegend Ihre Aufmerksamkeit richten. Das ist eine wichtige Erkenntnis, die Sie tief in sich aufnehmen sollten. Sie können sich mit jeder gewünschten Energie verbinden und damit das entsprechende Ereignis in Ihr Leben ziehen. Machen Sie sich bewusst, welche Energiequalität Sie gerade ausstrahlen und was Sie damit einladen, ein Teil Ihres Lebens zu werden. Sie sind der Schöpfer und bestimmen, was geschieht. Und zwar mit dem „Herbeiträumen" und dem Voraus- und Umerleben.

Erleben Sie Ihre „Realität" einfach um, wenn Sie Ihnen nicht gefällt. Es ist ja nur eine Scheinrealität, da die eine Realität ja nicht in der Begrenztheit des irdischen Daseins angesiedelt ist. Imaginieren Sie und wählen Sie bewusst. Es liegt in Ihrer Hand, Sie entscheiden darüber, wie Ihr Leben zukünftig verlaufen wird.

Das ist natürlich nur im Ich-Raum möglich, wenn es um die letzte Erfüllung, den letzten Wunsch der Verwirklichung geht, bestimmt das Leben, wann das der Fall sein wird. Das persönliche Ich bestimmt das Leben, das höhere Selbst bestimmt nichts.

Mithilfe unserer Intuition sind wir imstande, die Wirklichkeit hinter dem Schein zu erkennen.

Jeder schafft sich seine eigene Welt in seinem Kopf und trägt sie so mit sich spazieren. Alles in dieser Welt gehorcht dem Gesetz von Ursache und Wirkung.

Jeder Wirkung muss somit eine entsprechende Ursache vorausgegangen sein, sonst wäre sie nicht erfolgt. Also haben Sie immer Erfolg, so oder so. Wenn Sie also eine bestimmte Ursache setzen, können Sie die entsprechende Wirkung nicht mehr vermeiden.

Änderungen anpacken:

Alles, was geschieht, können Sie jederzeit ändern, mithilfe folgender Schritte: Machen Sie sich bewusst, was Sie in diesem Augenblick ihres So-Seins verursachen. Dann machen Sie sich bewusst, was Sie gerne verursachen möchten. Dann machen Sie sich bewusst, was Sie ausstrahlen müssten. Anschließend versetzen Sie sich einmal in die erfolgte Erfüllung.

Ich habe es erreicht, ich bin am Ziel, es ist geschehen. Ich fühle voller Freude und Dankbarkeit, dass ich es geschafft habe.

Ich atme, denke, fühle als der, der es geschafft hat.

Entscheidend ist also, womit Sie Ihr Bewusstsein erfüllen und worauf Sie Ihre Aufmerksamkeit richten. Richten Sie sie auf den Mangel oder die erfolgte Erfüllung? Ganz gleich, es wird das, was Sie auswählen, in Erscheinung treten lassen.

Wo Apfelkerne eingepflanzt werden, wird kein Birnbaum blühen. Der Schlüssel, um vom Leben das zu bekommen, was immer Sie als für Sie wertvoll erachten, ist das bewusste Abziehen der Aufmerksamkeit von dem, was nicht sein soll und das Bewusste gerichtet auf das zu halten, was sein soll. Die Aufmerksamkeit also bitte nicht auf den Mangel richten, sondern auf die erfolgte Erfüllung dessen, was Sie gerne hätten.

Die meisten Menschen richten ihre ganze Aufmerksamkeit fast ständig auf das, was sie nicht wollen, was sie stört und was sie loshaben wollen. Dadurch ziehen sie Schwierigkeiten, Widerstände und Hindernisse an.

Das ist völlig logisch, doch irgendwie scheint dies in Vergessenheit geraten zu sein. Beginnen Sie ab sofort damit, keinen Augenblick länger als notwendig an etwas zu denken, was Sie hinunter zieht. Spätestens dann, wenn Sie es bemerken, denken Sie gezielt woandershin. Denken Sie immer in der Fülle und niemals im Mangelbereich.

In dem Moment, wo Sie die Richtung und den Blickwinkel ändern, verändert sich auch die Sichtweise und Probleme bekommen oftmals eine andere Bedeutung oder sind plötzlich keine mehr. Eine gerichtete Aufmerksamkeit, geladen mit einer starken Emotion, besitzt eine große innere Kraft durch die Macht der Wiederholung. Unsere

Gedanken sind ein wichtiges Werkzeug unserer Schöpferkraft, aber die Kraft der Wirklichkeit liegt in unseren Gefühlen.

Mit Ihren Gefühlen führen Sie eine ständige Kommunikation mit dem Leben, das alles so Gefühlte in Ihre erlebte Realität verwandeln kann. Das Gefühl ist eine Wirklichkeit schaffende Kraft, die die schöpferische Urkraft aktiviert, lenkt und dementsprechende Umstände schafft.

Sie sind der Schöpfer und Ihr Gefühl ist Ihr Schöpfungsinstrument. Unangenehme Lebensumstände sind die Folge von negativen Gefühlen. Wandeln Sie daher jedes negative Gefühl sofort um, bevor es als unerwünschtes Ereignis in Ihrem Lebensalltag in Erscheinung treten kann.

Es geht darum, das Gefühl dafür zu entwickeln, deutlich zu fühlen, dass Absichten, Bitten, Wünsche oder Gebete bereits erfüllt worden sind. Dieses Gefühl können Sie durch Danken umpolen, anziehen, verändern etc. Durch aufrichtige Danksagung passiert etwas. Dankbar können Sie nur für etwas sein, das Sie bereits erhalten haben.

Warum also nicht schon dankbar sein, *bevor* Sie etwas haben?

Dies ist ein ganz neues Lebensgefühl. Anfangs vielleicht etwas ungewöhnlich, doch in der Umsetzung fühlt es sich hervorragend an. Es beschert Ihnen Leichtigkeit und Freude und wollen Sie das alles nicht auch in Ihr Leben integrieren?

Lernen Sie, sich in jeden gewünschten End-zustand hineinzuversetzen und ihn als Ihre eigene Realität zu fühlen. Ganz gleich, wer es macht und anwendet, wann oder wo es geschieht, es wird immer funktionieren.

Optimieren Sie Ihr Gefühl in Verbindung mit dem Erwünschten und Sie werden es zuverlässig und schnell erleben. Wenn Sie sich glücklich fühlen, schaffen Sie sich damit beglückende Umstände. Wenn Sie sich arm fühlen, kreieren Sie damit mehr Armut und Unsicherheit.

Wenn Sie sich krank fühlen, verstärken Sie damit die Krankheit nur. Das gilt aber auch für das Positive. Wenn Sie sich gesund, erfolgreich, wohlhabend und glücklich fühlen, werden Sie sich dadurch allmählich wohler, gelassener, erfolgreicher, wohlhabender und zufriedener fühlen und das auch sein. Sie werden sich rundum besser und kraftvoller fühlen, wodurch Sie natürlich auch eine Fülle an positiven Lebensumständen in all Ihren Lebensbereichen anziehen und zum Ausdruck bringen werden.

Dies geschieht einfach aufgrund des Resonanz-gesetzes. Was Sie aussenden, kehrt zu Ihnen zurück. Optimieren Sie Ihr Gefühl, in Verbindung mit dem Erwünschten, und Sie werden es zuverlässig und schnell als Ihre Realität erleben.

Zusammengefasst:

Richten Sie immer wieder Ihre ganze Aufmerksamkeit auf Ihren Schicksalsauswahl-Empfänger (verbunden mit einem starken Gefühl der Freude und Dankbarkeit) und auf das Gewünschte. Erleben Sie sich in der Erfüllung des erfolgten Erfolges. Dies sollte immer verbunden mit einem starken Glücksgefühl vonstattengehen.

So wirkt Ihr Manifestations-Instrument sicher, schnell und vor allem in die gewünschte Richtung. Wenn Sie das Fühlen wirklich beherrschen, ist es ein sehr wirksames Präzisions-Instrument.

Alles eine Frage des Bewusstseins?

Woran denken Sie gerade? Woran denken Sie, wenn Sie aufstehen? Woran denken Sie den ganzen Tag über? Wenn Sie nicht gerade ein Problem beschäftigt, können Sie diese Frage vielleicht gar nicht beantworten. Diese Frage habe ich vielen meiner Klienten, Bekannten und Freunde gestellt und viele haben dann immer geantwortet: an nichts.

Ich musste jedes Mal lachen und danach stimmten alle in mein Lachen mit ein. Sie fanden es ebenfalls komisch, da jeder Mensch den ganzen Tag lang in seinen Gedanken versunken ist und in ihnen, durch sie und aus ihnen heraus lebt und dessen sind wir uns oft gar nicht bewusst. Wir sind so sehr in unsere Gedankenwelt verstrickt, dass wir es oft gar nicht merken. Bewusst ist es uns abends vor dem Einschlafen, wenn sich der unaufhörliche Gedankenfluss einfach nicht stoppen lässt.

Irgendwann schlafen wir dann trotzdem ein und wissen nicht, wie das geschieht. Wenn wir aufwachen, sind sie wieder da, diese Gedanken. Wie ein lästiges Anhängsel, das an uns klebt, und doch ginge es nicht ohne sie. Gedanken sind durchaus nichts Schlechtes. Auch wenn sie uns den Weg nach innen scheinbar erschweren, so sind sie doch unser bestes Werkzeug. Ja, ich weiß, das habe ich Ihnen bereits gesagt. Aber ich sage es gerne noch einmal, weil es allein an Ihren Gedanken liegt, wie Ihr Leben jetzt ist und auch weiterhin verlaufen wird.

Es ist nicht der Satz: Gedanken formen dein Leben, den man einfach so vor sich hinsagt, ohne sich der Bedeutung bewusst zu sein. Es ist etwas viel Tiefergehendes, und zwar, dass das, was wir erleben, die Spiegelung unserer Gedanken ist. Das Ich, das persönliche Ich selbst, ist ein Gedanke, aus dem heraus weitere Fiktionen entstehen, die wir „unser" Leben nennen.

Wenn wir dies auf uns wirken lassen und ergründen, dann ist ein Meilenstein in unserem Leben geschehen. Wir sind auf der Spur dessen, was wir suchen – und zwar auf einer sehr heißen. Diese Suche nach dem Ursprünglichen ist unser Lebenselixier, worauf wir unsere ganze Aufmerksamkeit richten sollten.

Dabei wird das Leben nicht vernachlässigt, und das sollen wir auch gar nicht tun, da es unsere Aufgabe ist, uns dem Leben zu stellen und es in vollen Zügen zu leben.

Wie aber kann ich meine Aufmerksamkeit nach innen richten und im Außen voll funktionieren?

Das fragt der Verstand. Fakt ist, dass der Gedanke, das Außen dadurch zu vernachlässigen, völlig absurd ist.

Wer sich nach außen wendet, bleibt im Außen kleben und versäumt die Begegnung mit sich selbst im Herzensinneren. Wer sich nach innen wendet, wird im Außen zu einer ganz neuen Kraft kommen und je mehr er nach innen geht, umso spannender, intensiver und schöner wird sich das Leben im Außen entwickeln und zeigen.

Der Mensch ist wie ein Magnet, er kann nur das anziehen, was er ausgesendet, gepflanzt und gesät hat. Sie können keine Kartoffeln ernten, wenn Sie Karotten gesät haben. Das gilt im übertragenen Sinne auch für den Lebensalltag. Hier geht es aber nicht nur um Handlungen, sondern vor allem um Gedanken.

Einer Handlung geht ein Gedanke voraus, und wenn Sie Ihre Aufmerksamkeit auf diesen Gedanken lenken, dann führen Sie ihn aus oder eben auch nicht. Dem Gedanken folgt also eine Aktion oder keine Aktion, je nachdem, wie wir reagieren.

Vieles tun wir automatisch, weil wir es so gewohnt sind. Doch wir sind keine Roboter! Halten Sie beim nächsten Gedanken inne, *bevor* Sie darauf reagieren. Schauen Sie sich den

Gedanken an. Wo kommt er her? Was hat er mit Ihnen zu tun?

Ist er Wirklichkeit?

Ist der Inhalt wichtig?

Wenn Sie hier in der Lage sind, einen Unterbruch zu schaffen, dann sind Sie wirklich auf dem besten Weg, sich selbst zu erfahren. Ihr Selbst zu erfahren. Es ist wie eine Mechanik, die läuft und läuft und läuft. Diese scheinbare Automatik abzustellen, ist nicht einfach. Es ist aber auch nicht schwer, wenn ich mir dessen bewusst bin.

Und hier sind wir wieder beim Bewusstsein angelangt. Wer weiß, dass ihm Weißbrot nicht guttut, weiß es zwar, wird es aber weiterhin mit schlechtem Gewissen verzehren. Wer sich bewusst ist, dass der Körper unter dieser Nahrung leidet, wird darauf „verzichten" können. Er wird das dann aber nicht wirklich als Verzicht empfinden. Für einen Außenstehenden mag es vielleicht so aussehen, doch wenn der Mensch diese Unstimmigkeit in seinem Leben wirklich realisiert, wird dieses Weißbrot-Verlangen einfach von ihm abfallen. Es wird sozusagen ausgeblendet.

Die Frage „Soll ich es essen oder nicht?" stellt sich gar nicht mehr, sondern das Weißbrot ist aus dem Bewusstsein verschwunden. Er sieht es vielleicht noch in der Brötchen-Theke liegen, doch er geht nicht mehr damit in Resonanz. Es ist fast so, als wäre es nicht da und doch liegt es dort. Diese Bewusstwerdung ist ein Vorgang, der dann geschieht, wenn wir innehalten.

Die meisten Menschen haben den ganzen Tag über mit ihren Aufgaben zu tun und sind mit ihrer Gedankenwelt, die sie Problem nennen, beschäftigt. Wie soll ihnen daher etwas bewusst werden? Wenn die ganze Aufmerksamkeit nur in einem gedanklichen Lebensprozess festhängt, kann kein Raum entstehen, worin sich etwas Neues entfalten kann. Das Innehalten hat nichts mit Faulheit zu tun und damit meine ich auch nicht die Meditation.

Innehalten ist ein in sich gehen, eine Auszeit vom Alltagstrubel. Dies muss man nicht lernen und man kann es auch nicht üben. Man braucht lediglich seine Augen zu schließen und die Aufmerksamkeit nach innen zu richten – und auch das geschieht von selbst. Natürlich funktioniert es auch mit offenen Augen, doch für Ungeübte empfiehlt es sich, das Leben bildlich auszublenden, damit man nicht zu sehr abgelenkt wird.

Das müsste eigentlich das Einfachste der Welt sein und doch fällt es uns oft nicht leicht, uns dazu durchzuringen. Innehalten?! Was soll das? Das ist langweilig. Da passiert ja nichts. SO werden sich meine Probleme auch nicht lösen.

Falsch gedacht! Probleme werden sich nicht wie von Zauberhand abstellen lassen. Doch ihre Wurzeln liegen im Inneren und nur dort können sie harmonisiert werden. Außerdem kann man mithilfe der Innenschau nach und nach erkennen, dass die Gedanken nur im Kopf existieren und sonst nirgendwo.

Was das Problem dann im Außen ist?

Eine Spiegelung der Gedanken. Also wo wollen Sie ein Problem lösen, wenn es in Ihnen selbst stattfindet?

Spannen Sie in der Wohnung den Schirm auf, wenn es draußen regnet?

Es scheint einfacher zu sein, sich der Illusion zuzuwenden, anstatt sich der Realität zu widmen. Das mag daran liegen, dass wir nicht wissen, was Realität ist. Wer sein Leben als real empfindet und nicht erkennt, dass es nur eine vorübergehende Erscheinung im Bewusstsein ist, das sich auf der Leinwand Leben abspielt, wird auch nicht das Verlangen verspüren, innehalten zu wollen.

Die Probleme, die sich für uns wirklich echt anfühlen und von irdischer Sicht aus betrachtet auch vollumfänglich durchlebt werden, sind nicht da, um uns leiden zu lassen. Sie sind dazu da, um diesem Leid ein Ende zu setzen. Sie möchten uns nur auf unsere Fehlsichten und Einbildungen hinweisen. Sie sind dazu da, um uns aus dem Labyrinth der Ich-Einbildung zu befreien. Probleme zwingen uns dazu, uns mit uns selbst auseinanderzusetzen. Ist das nicht wunderbar?

Das Leben schickt Ihnen so viele Unstimmigkeiten, wie Sie sich nur denken können. Das alles sind nach außen projizierte Bilder, die einer Täuschung gleichen und genau daraus gilt es, aufzuwachen.

Diese unzähligen Ent-Täuschungen im Leben dienen also dazu, zur Realität zurückzukehren. Jede Enttäuschung ist ein Geschenk, wer dies erkennt, erwacht.

Spieglein, Spieglein an der Wand ...

Wenn wir Lieblosigkeit säen, können wir nicht Liebe ernten oder erwarten. Nachfolgende Geschichte möchte ich Ihnen gerne erzählen, da dadurch ein besseres Verständnis und Erfassen möglich wird: Eines Tages kommt ein einsamer Hund zum Tempel mit den tausend Spiegeln und sieht sich plötzlich tausend Hunden gegenüber. Er beginnt zu bellen und auch die tausend Hunde bellen, da wird er wütend und auch die tausend Hunde in den Spiegeln bellen wütender.

Das machte ihn noch wütender und auch die tausend Hunde bellten noch wütender. So ging das Spiel weiter, bis er so richtig aggressiv geworden war und auch diese tausend Hunde bellten immer aggressiver. Das ging so lange, bis er tot umfiel. Eines Tages kam wiederum ein Hund zu diesem Tempel mit den tausend Spiegeln

Und auch er sah sich plötzlich tausend anderen Hunden gegenüber und bellte voller Freude und wedelte freudvoll mit seinem Schwanz. Auch diese tausend Hunde freuten sich mit ihm und wedelten alle freudig mit ihren Schwänzen.

Ja, so geht es auch uns im Leben. Das ist nicht einfach nur eine Geschichte, die nett ist. Nein! In ihr steckt die Antwort auf all unsere Fragen. Wir können nur das gespiegelt bekommen, was wir selbst sind. *Das Leben ist unser Spiegel!* Das, was wir erleben, ist der Spiegel unserer Gedanken!

Wenn also alles nur eine Spiegelung unseres „So-Seins" ist, setzen wir ja ständig Ursachen. Ist eine Ursache erst gesetzt, so kann die Wirkung nicht mehr geändert werden. Wir können jedoch achtsamer sein, *bevor* wir „die Saat säen"!

Ein Beispiel: Sie haben eine negative Erfahrung in Ihrem Leben gemacht und schleppen diese noch immer mit sich herum. Vielleicht verurteilen Sie jemanden, mit dem Sie Ihrer Meinung nach schlechte Erfahrungen gemacht haben oder von dem Sie sich ungerechtfertigt behandelt fühlen. Nun schimpfen Sie über ihn oder denken schlecht über ihn. Damit laden Sie sich dieses Erlebnis immer wieder auf und in Ihr Leben ein – Sie beleben es neu.

Hier erleben Sie heimlichen Groll, in Form einer gewissen Ohnmacht scheinbar erlittener Ungerechtigkeit gegenüber. Solange Sie in der Schuldfalle festhängen, nähren Sie diese Unstimmigkeit und sie wird Ihnen über den Kopf wachsen. Sie geben dem anderen die Schuld. Vielleicht gelangen Sie sogar an einen Punkt, an dem Sie an seiner Schuld zweifeln und sich selbst schuldig fühlen. Sie stellen sich selbst infrage: Habe ich etwas falsch gemacht?

Hätte ich anders reagieren können?

Liegt es an mir?

Vielleicht hab' ich das verdient! Auweia. Wenn das geschieht, dann tappen Sie in die nächste Falle, in die Falle der Schuldzuweisungen. Ganz gleich, ob Sie sich selbst oder den anderen verurteilen, beide Varianten entspringen einer Fehlsicht, die Sie an Ihr Drama bindet.

Diese seltsamen und hartnäckigen Programme schaffen es, Sie immer wieder an ein bestimmtes Ereignis zu binden. Sie leben dann in diesem Ereignis und nicht in der Realität. In der Realität können Sie Erfüllung, Freiheit und Reichtum erfahren, nicht aber in einem Ereignis. Wenn Sie in einem dunklen Raum gefangen sind, geht es Ihnen nicht gut.

Dann erkennen Sie, dass die Türe offen steht und dass es in einem weiteren, anderen Raum hell ist. Wenn Sie nun in dem dunklen Raum sitzen bleiben und nur darüber fluchen, dass es hier so dunkel ist und feststellen, dass Sie hier leiden, wird sich nichts ändern.

Um Helligkeit zu erleben, müssen Sie den Raum verlassen. Sie müssen sich bewusst werden, dass Sie die Möglichkeit haben, die Räume zu wechseln. Die Aufmerksamkeit bestimmt die Räume und nicht das Schicksal! Ihre Füße kommen dann in Bewegung, wenn Ihnen klar geworden ist, dass Sie im „falschen Raum" sitzen. Wenn Sie über ein Problem nachdenken, jemanden beschuldigen, sich selbst anprangern, eine Lösung suchen etc. sitzen Sie *definitiv im falschen Raum*. Sie merken es nicht. Sie merken es nicht, weil die Situation so verfahren und ausweglos erscheint. Weil Sie die Situation so beschäftigt und belastet, vergessen Sie den Raum-Check!

Was tue ich hier eigentlich?

Wo bin ich?

In diesem Raum können Sie kein Problem lösen. Wenn Sie den Raum verlassen, strahlt Licht ein und nur Licht vermag diesen Irrtum aufzudecken. Wie können wir frei sein, wenn wir diese alten vergangenen Geschichten ständig mit uns herumtragen?

Auch die frischen sind keinen Deut besser, sie sind vielleicht weniger hartnäckig und aggressiv, deshalb auch leichter zu ertragen. Es ist ein enormer Ballast, den wir unfreiwillig mit uns herumschleppen, nur weil wir uns nicht von der Vergangenheit lösen können oder wollen. Das bedeutet, dass wir uns nicht von unserer Erinnerung lösen können!

Wo ist das Problem, das Sie vor 10 Jahren mit Ihrem Ex-Mann hatten, außer in Ihren Gedanken? Warum ist es so interessant, das Vergangene immer wieder zu beleben? *Es ist nur ein Gedanke zu viel, der Probleme bereitet, nichts sonst!* Wo ist das Problem, wenn wir tot umfallen würden? Wir nehmen es „energetisch" mit, können es aber nicht mehr erleben. Objektiv gesehen war es ja eigentlich niemals vorhanden und doch ist diese Einbildung eines „realen Lebens" so stark, dass wir dieser Illusion, ein Ich zu sein, in jedem Leben aufs Neue verfallen. Wann hört das auf? Sie sind gut beraten, wenn Sie sich dessen bewusst werden und sich solchen Gedanken widmen. Gedanken, die essenziell sind, sind nicht mit Gedanken zu vergleichen, die ständig um ein Problem herum kreisen. Es gibt durchaus sinnvolle und hilfreiche Gedanken, die uns uns selbst näherbringen können.

Doch sind es dann nicht die Gedanken selbst, sondern die Einsichten, die daraus entstehen. Es gibt so viele interessante Fragen zur Selbsterforschung, wie kann es da noch so viel Platz für diese Gedanken geben, die uns den ganzen Tag über verfolgen?

Nun gut, sie sind da. Sie kommen und gehen, doch warum halten wir sie fest?

Warum laden wir sie immer wieder in unser Leben ein?

Warum lassen wir sie nicht los? Warum beleben wir sie? Interessante Fragen. Wirklich interessant.

Weshalb knechten wir uns selbst so unnötig

– und das oftmals das ganze Leben lang, ohne uns selbst und dem anderen zu vergeben? Weil wir glauben, dass der andere real ist und nicht erkennen, dass er nur aufgrund einer Spiegelung im Bewusstsein erscheint. Ist es wirklich so angenehm, zu leiden?

Das Leiden kennen wir anscheinend besser als die Freude, wir scheinen es zu lieben. Lassen wir die Vergangenheit los! Wir können ja auch nicht das Wasser, das vor drei Jahren den Fluss hinunterfloss, an der gleichen Stelle herausschöpfen, wo es einst geflossen ist.

Das Wasser ist jeden Tag anders, so wie es das Leben und wir selbst sind. Alles obliegt einer stetigen Veränderung – und das in jedem Augenblick, also kann morgen nichts so sein wie heute, abgesehen davon, dass ein Morgen nur in unseren Gedanken existiert. Wenn Sie morgen etwas erleben, werden Sie mit Bestimmtheit fühlen, dass Sie es jetzt erleben. Sie sagen „Ich erlebe es jetzt", weil immer nur jetzt ist.

Wir Menschen haben eine sonderbare Art entwickelt, am Alten anzuhaften, es zu nähren, es immer wieder aufzuladen und zu beleben. Wen wundert es dann, dass wir auch im Alltag immer wieder in diesen Geschichten kleben bleiben, welche uns kleinhalten, damit wir ja nicht zu uns selbst erwachen. Beginnen Sie doch, immer mehr als Beobachter zu fungieren. Beobachten Sie sich selbst, wie Sie in Situationen handeln, agieren oder reagieren. Welche Gefühle oder welche Emotionen werden in gegebenen Momenten mit bestimmten Gedanken, verbunden oder auch mit inneren und äußeren Zuständen, in Ihnen wach?

Was lösen diese in Ihnen aus? Können Sie sie annehmen oder wollen Sie diese loswerden? Wie gehen Sie damit um? Kommen Aggressionen hoch, zu denen Sie stehen oder lassen Sie sie an anderen aus?

Aggressionen – sie sind weder gut noch schlecht, sie sind. Das Problem ist die Bewertung: „Es ist schlecht", „Es tut mir nicht gut" und infolge dessen, es loswerden zu wollen. Es weghaben zu wollen, erfordert viel Kraft und Energie. Es ist von selbst gekommen. Also wird es auch wieder von selbst verschwinden. Vertrauen Sie darauf! Dies bedeutet aber nicht, teilnahmslos herumzusitzen und darauf zu warten, dass sich das Problem von allein verflüchtigt. Sie sind genauso aktiv wie immer, aber ohne Widerstand.

Sie handeln von innen heraus, spontan und ohne Ziel. Sie beabsichtigen nichts, sondern stellen sich der Situation, indem Sie sich selbst annehmen. Was bleibt Ihnen denn schon anderes übrig? Wenn Sie dagegen sind, wird es sich nicht ändern. Wenn Sie dagegen sind, dass der Fluss abwärts fließt, werden Sie auch das nicht ändern können. Also schwimmen Sie mit dem Strom und sparen Sie sich Ihre Kraft. Beenden Sie den Trotz, der Sie dazu animiert, gegen den Strom zu schwimmen und ständig alles rosarot haben zu wollen.

Das Leben ist kein Ponyhof, das Leben ist, wie es ist. Das, was Sie als Ponyhof verstehen, gibt es tausendmal schöner in Ihrem Inneren. Aber nur dort können Sie es finden und ganz sicher nicht im Leben. Erfüllung findet man nicht in Ereignissen, sondern in sich selbst! Freunden Sie sich damit an, zu akzeptieren, „wie es ist" und der Lebensfluss wird sich harmonisieren – und zwar in allen Bereichen!

Warum also so viel unnütze Energie vergeuden?

Diese kann man doch viel effizienter nutzen und in die alltäglichen Dinge des Lebensalltags einfließen lassen, die wirklich wichtig sind.

Erwachen zu sich selbst

Es gibt Tage, die verändern das ganze Leben. Die Einsichten, welche Sie aus diesem Buch, aus einem interessanten Ereignis oder vielleicht auch aus einer Lebensberater-Ausbildung gewinnen können, könnten der Auftakt zu einer neuen Lebensepoche sein. Es ist eine enorme Chance, wenn Sie sich wieder an sich selbst erinnern, daran, wer Sie wirklich sind, immer waren und immer sein werden. Sie denken vielleicht, dass Sie bereit sind, Ihr geistiges Erbe anzutreten – aus dem scheinbar geschlossenen Gefängnis auszubrechen und endlich zufrieden zu sein.

Doch die Gefängnistüre steht bereits weit offen. Sind Sie bereit, aus der Weisheit des Seins und in der einen Wirklichkeit zu leben, zu schöpfen und zu wirken? Sich selbst als einen untrennbaren Teil des großen Ganzen zu erkennen, sich selbst als jenen zu erkennen, der Sie in Wahrheit sind?

Dann lenken Sie Ihre ganze Aufmerksamkeit auf die Freiheit, nirgendwo anders soll sie sein. Dieses Erwachen zu sich selbst geschieht in einem einzigen Augenblick, nämlich im Augenblick des Erinnerns. Sie können in dieses höchste universelle Bewusstsein jederzeit eintreten, weil Sie eigentlich nie draußen waren. Das, was scheinbar draußen oder getrennt war und ist, ist nur ein einziger Gedanke.

Ändern Sie nicht Ihr Leben, sondern Ihre Gedanken. Wenn Ihnen ihr Spiegelbild nicht passt, können Sie den Spiegel wechseln, sooft wie Sie wollen, es wird sich nichts verändern. Packen Sie das Problem an den Wurzeln und nicht an den Früchten, das ist der Weg, der in die Freiheit führt.

Die Gedanken gaukeln uns vor, getrennt von der universellen Allmacht zu sein und halten uns davon ab, das zu sein, was wir in Wahrheit sind. Lassen Sie sich nicht mehr davon beeindrucken und erfahren Sie den einzigartigen Augenblick des Hier und Jetzt in jedem Moment Ihres kostbaren Lebens.

Es ist wichtig, das nicht nur zu wissen, sondern es zu erfahren, damit es als Gewissheit verinnerlicht werden kann. Erkennen Sie Ihre wahre Schöpferkraft an und erwachen Sie aus einem äonenlangen Schlaf. Es ist ein Erwachen aus einem Traum, einer Illusion, die es niemals gegeben hat.

Mit diesem Erwachen übernehmen Sie die volle Verantwortung und Führung Ihres Lebens und leben fortan in dem Bewusstsein, dass Sie mehr sind als das, was Sie bisher zu sein glaubten.

Denn nur wenn Sie erwacht sind, können auch Sie andere daran teilhaben lassen. Der Lebenscoach lebt ein dynamisches und erfülltes Leben, ist stets um das Erwachen „bemüht" und lebt es anderen vor.

Deshalb sollten Sie gleich damit beginnen, gleich ist jetzt, nicht morgen, das nur in Ihrem Kopf existiert. Alle Menschen stellen immer fest, was andere nicht können. Der eine hat den Mangel und der andere einen anderen. Einen Mangel können Sie nur dann feststellen, wenn Sie selbst aus der Begrenztheit heraus leben. Wer erwacht ist, sieht keine Mängel, er kann nur noch Liebe sehen.

Warum?

Weil er Liebe ist.

Wir sehen allzu gerne, was andere falsch gemacht haben oder richtig machen hätten können. Diesen Hochmut können wir erst dann hinter uns lassen, wenn wir erkannt haben, dass richtig und falsch nur der Begrenzung unseres Denkens entspringt. Sie können ja nicht jemandem sagen, dass er noch schläft, wenn Sie selbst schnarchend daliegen.

Es geht nicht darum, Menschen auf ihre Fehler hinzuweisen oder sie zu bekehren, sondern ihnen vorzuleben, wie man leben kann! Leben Sie Ihrem Umfeld Achtsamkeit, Dankbarkeit, Höflichkeit, Pünktlichkeit, Respekt, Klarheit und Bescheidenheit vor. Werden Sie zu diesen Eigenschaften, anstatt sie zu wollen. Glauben Sie mir nichts, sondern prüfen Sie das, was ich sage, für sich selbst. Fühlen Sie, inwieweit es für Sie stimmig ist. Wenn Ihr Leben nicht harmonisch verläuft, wäre es doch einen Versuch wert, sich darauf einzulassen.

Stimmt es jetzt für Sie, und wenn nicht, warum nicht? Regt sich in Ihnen vielleicht ein Widerstand? Ist es der Trotz? Ist es der Unglaube? Sie brauchen auch nicht gleich eine Antwort zu geben. Lassen Sie das Ganze sich erst einmal setzen. Der Bauer muss auch die Erde zuerst umpflügen, bevor er ernten kann. Es braucht Zeit und Geduld, um zu realisieren, was das Leben in Wirklichkeit ist. Von heute auf morgen passiert nichts, Ausdauer ist hier von Nutzen.

Ab und an wollen oder können wir manches nicht hören und schon gar nicht annehmen, weil es uns abwegig erscheint. Doch dann hören wir es von jemand völlig Unbekanntem, lesen vielleicht sogar darüber, und obwohl es der Verstand nicht annehmen will, berührt es uns im Herzen. Wir können nicht sagen, warum, es ist einfach eine Resonanz dazu da.

Als ob es etwas wäre, was wir immer schon wussten und jetzt erst an die Oberfläche drängt. Es ist, als ob wir ein altes lieb gewonnenes Buch nach Jahren wiederfinden. Welche Freude, es war nie weg, wir hatten nur vergessen, wo wir es hingelegt hatten. Und wir haben auch den Inhalt vergessen, doch wenn wir es lesen, können wir uns wieder daran erinnern.

Und trotzdem klingt es anders, so frisch und lebendig. Wir sind ja nicht mehr der, der es einmal gelesen hat. Wir haben uns „ent"-wickelt und können es dadurch ganz anders aufnehmen.

Als wer sind Sie hier?

Machen Sie sich einmal bewusst, als wer Sie hier sind. Sind Sie bewusst hier? Oder unbewusst? Oder gar nicht? Was glauben Sie, was oder wer Sie sind? Sind Sie Bewusstsein? Sind Sie der Körper? Oder sind Sie Ihre Tätigkeit? Oder was genau denken Sie, zu sein? Wenn ich Menschen frage, was sie sind, sagen sie: „Ich bin Schneiderin", „Ich bin Großmutter", „Ich bin Heike" oder „Ich bin Verkäuferin".

Doch danach habe ich eigentlich gar nicht gefragt. Ich habe sie nicht gefragt, was sie tun oder wie sie heißen, ich habe sie gefragt, was sie sind. Das heißt, der Mensch identifiziert sich mit seinem Namen, seiner Persönlichkeit, seiner Rolle, seiner Tätigkeit, mit seinem momentanen Beruf etc.

Frage: „Was sind Sie?" Antwort: „Ich bin Arzt." Doch was und wer ist der, der antwortet, wenn diese berufliche Tätigkeit wegfällt? Ist er dann nichts mehr?

Das sind wichtige existenzielle Fragen und diese erfordern eine tiefe Innenschau, denn eines Tages gilt es, sich nämlich dem wirklichen

Lebenssinn zu öffnen und sich dem hinzugeben, wofür es sich eigentlich zu leben lohnt. Sich seinem spirituellen Herzen zuzuwenden und sich selbst zu erkennen.

Ganz im Hier und Jetzt zu sein und sich seiner eigentlichen spirituellen Bestimmung hinzugeben, sein Menschsein im Bewusstsein anzunehmen, der Träger und Überwinder seines Schicksals zu sein, das alles gehört sicherlich auch dazu. Bei alten vergangenen Kulturen, in denen Menschen ihre für sie vorgesehenen Meister anerkannten und verehrten und von denen sie die Gesetzmäßigkeiten des Lebens gelehrt bekamen, war es ein Leichtes, das geistige Erbe anzutreten und in die Vollkommenheit des Seins einzutreten.

Denn sobald man diese Gesetze kannte und auch befolgte, dienten sie der Menschheit und es war möglich, sie zu befolgen und anzuerkennen. Im Einklang mit dem großen Ganzen sowie aus der Tiefe unseres Seins heraus mit Selbstvertrauen und Selbstsicherheit im Alltag zu wirken, ist von sehr großer und unglaublich starker Bedeutung. Nicht nur für uns selbst, sondern auch für all unsere Mitmenschen. Erkennen Sie, welch große Verantwortung Sie haben!

Worauf warten?

Wenn wir in unserem Selbst ruhen, in völliger Gelassenheit und vollkommen wach sind, kann uns so leicht nichts erschüttern. Erst dann sind wir eine Oase des Friedens und sind der, der wir wirklich sind. Die Persönlichkeit ist das Produkt unserer Gedanken und Empfindungen und auch unserer Taten.

Doch die Gedanken werden großteils vom Bewusstsein gesteuert. Sobald wir jedoch zum Bewusstsein des wahren Selbst erwachen, erleben wir Selbstvertrauen, das mit Sicherheit unser wirkliches Selbstbewusstsein stärkt und fördert. Das, was wir Schicksal oder Lebensumstände nennen, ist genau genommen nur ein Spiegelbild unseres vorausgegangenen Denkens, Sprechens, Fühlens und Handelns.

Es gilt, die eigenen Schwächen zu erkennen, loszulassen und in Stärken umzuwandeln sowie sich aus Vorstellungen, Meinungen, Strukturmustern und Konditionierungen herauszuschälen und sich dadurch vollends geistig zu erneuern. Und das ist in jedem Augenblick möglich, seien Sie sich dessen mit absoluter Gewissheit bewusst.

Geht nicht, gibt es nicht, denn diese Aussage schwächt Sie. Alles ist möglich, für den, der das glauben kann und danach sein Leben ausrichtet. Oder wollen Sie sterben, bevor Sie entdeckt haben, wer Sie in Wahrheit sind? Der Tod ist zwar die Krönung des Lebens, so sagt man, doch ohne zuvor wirklich erwacht zu sein, ist es nur ein weiteres Sterben im Rad des Geboren-Werdens und Sterbens. Daher erkennen Sie jetzt, ja, genau jetzt in diesem Augenblick, worum es wirklich geht. Entscheiden Sie sich, aufzuwachen aus der endlosen Schleife des Träumens und betreten Sie hier und jetzt die Straße des ewigen Lebens. Denn wer nicht stirbt, bevor er stirbt, der verdirbt, wenn er stirbt.

Erkennen Sie, wer und was Sie wirklich sind, schauen Sie in den reinen Spiegel der Liebe und des Lichtes, denn wo die Sonne scheint, da gibt es auch Schatten, nur der sind Sie nicht. Wenden Sie Ihr Antlitz daher der Sonne zu, dann fallen die Schatten hinter Sie und Sie können diese nicht einmal mehr sehen, weil sie in Wahrheit gar nicht wirklich existieren.

Wir Menschen haben schon sonderbaren Verhaltensmustern und Sichtweisen Raum gegeben, diese kultiviert und belebt. Wir geben den Schattenbildern unsere ganze Aufmerksamkeit und übersehen daher, was wirklich ist. Sehend blind und hörend taub sind wir geworden, das ist wirklich sonderbar.

Dem, was überhaupt nicht da ist, schenken wir unsere Hinwendung, es sind allerdings nur Spiegelungen im Bewusstsein und wir glauben, dass es realistisch und wirklich wahr ist. Wenn wir an einem sonnigen Tag spazieren gehen, sehen wir unsere Schatten, welche uns viel größer erscheinen, als es unsere Körper in Wahrheit sind. Wenn nun ein Auto über den Kopf unseres Schattenbildes fährt, sind wir dann tot? Sicher nicht, weil wir ja nicht unser Schatten sind. Sehen Sie, mit diesem kleinen unscheinbaren Beispiel möchte ich Ihnen aufzeigen, dass, falls Ihr Körper stirbt, auch das, was Sie in Wirklichkeit sind, nicht tot sein kann. Niemals. Weil Sie ja nicht der Körper sind.

Sondern das, was ihn befähigt, alle Funktionen auszuführen, welche durch ihn geschehen. Es gibt gar nichts anderes als dieses eine universelle Bewusstsein, das alles ist und Leben überhaupt erst möglich macht. Bis jetzt haben wir uns mit unserem physischen Gefäß identifiziert und dabei haben wir übersehen, was wirklich schon immer und ewig hier ist.

Wir identifizieren uns mit den materiellen Dingen, frönen ihnen, huldigen diese leblosen Hohlkörper, dabei wartet eine unermessliche Herrlichkeit seit Ewigkeiten darauf, endlich zu erwachen. Sie ruft uns permanent zu, dass wir nach Hause kommen sollen. Weshalb hat die Täuschung eine so große Macht über uns Menschen?

Gehen wir doch öfter einmal in der Natur spazieren. Genießen wir alles um uns herum ohne eingeschaltetes Handy, ohne Kopfhörer, ohne zu sprechen und sich zu unterhalten – einfach nur der Klang des Universums. Sie sagen, Sie hören nichts, nein, das stimmt nicht, Sie haben es nur verlernt, weil die Sinne zu sehr nach außen gerichtet werden. Zu sich selbst zu erwachen, erfordert permanente Wachheit aller Sinne, eine Wahrnehmung all dessen, was um und in uns geschieht.

Jeden Augenblick voller Achtsamkeit dem Atem zu lauschen, denn jeder Atemzug ist ein himmlisches Geschenk. Waren Sie sich dessen überhaupt bewusst?

Oder ist es für Sie selbstverständlich, dass Sie atmen?

Wenn Sie ausatmen und im Anschluss daran nicht mehr einatmen können, aus welchem Grund auch immer dies geschehen mag, wird der Körper sterben. Was geschieht dann?

Denken Sie einmal darüber nach. Wo kommt der Atem her, der unseren Körper am Leben erhält, ihn ohne Unterlass durchpulst, ihn sich bewegen lässt und die Nahrung verdaut, welche wir ihm zuführen.

Unser Fortbewegungsinstrument Körper ist ein wahres Wunderwerk, ein chemisches Labor, in dem ohne Unterlass chemische Prozesse stattfinden, ständig gegessen, verdaut und ausgeschieden wird – und das alles so nebenbei. Das alles geschieht neben unseren alltäglichen Arbeiten, Sorgen und Nöten. Haben wir es ihm jemals gedankt? Oder haben wir uns nicht eher beschwert, wenn er manches Mal nicht so tut, wie wir es gerne hätten oder glauben, dass er nicht so gut funktioniert?

Dann geben wir ihm ein paar Pillen, damit er ja gleich wieder auf Trab kommen soll und wir uns ja keine Schwäche zugestehen brauchen. Wie kleinlich, wenn nicht sogar lächerlich das alles geworden ist, nur damit wir den Vorstellungen, den Gedanken und den scheinbaren gesellschaftlichen Gegebenheiten entsprechen können. Doch sind diese wirklich dafür verantwortlich?

Warum ist das alles so?

Könnte ich anders handeln?

Oder ist da etwas in mir, das mich vielleicht zum Handeln zwingt?

Wie lange können wir diesen Anforderungen der Gesellschaft entsprechen, will ich das überhaupt noch, oder kann ich es selbst in die Hand nehmen und meinen Lebensalltag neu sortieren?

Ihn neu ausrichten?

Als Lebensberater sollte ich mir diese Fragen vielleicht einmal stellen und auch genauer ansehen. Denn wie kann ich anderen Menschen sonst behilflich sein?

Aber auch sich selbst gegenüber muss man wach sein, um irgendwann zu erwachen. Es ist die Eigenverantwortung, welche hier in erster Linie gefragt ist. Zuerst die Verantwortung für all unser Denken, Sprechen und Tun zu übernehmen, heißt, keine Schuldzuweisungen mehr zu machen – weder sich selbst noch unseren Mitmenschen und Situationen gegenüber. Niemand ist schuld. Es gibt keine Schuldigen.

Die Dinge sind, wie sie sind. Sie sind nicht geplant, sie ergeben sich. Sich selbst bei der Nase zu nehmen und aufrichtig sich selbst gegenüber zu sein sowie Klarheit für sein eigenes Tun an den Tag zu legen, beinhaltet große Verantwortung.

Die innere Weisheit wohnt in Ihnen, sie ist nicht im Außen auffindbar, doch kann sie Ihnen im Außen gespiegelt werden, wenn Sie sich danach ausrichten. Das Innen bedingt schließlich auch das, was Ihnen im Außen widerfährt, und nicht umgekehrt.

Ein guter Lebensberater zu sein, bedeutet, sein eigenes Leben auf die Reihe zu bekommen, Vorbild für andere Menschen zu sein und sie dadurch anzustecken, selbst diesen Weg des Erwachens zu gehen.

Wunschlos glücklich und zufrieden sein

Was bedeutet das eigentlich? Wir sind es gewohnt, Glück mit einem Wunsch zu verbinden. Dieses Glück ist aber vergänglich und nur von kurzer Dauer. Dauerhaftes Glück ist kein Zustand und auch nicht von Ereignissen abhängig, es lebt in uns. Den Sommer verbringe ich am Meer, dort bin ich immer so glücklich.

Und was ist jetzt?

Und hier?

Was bedeutet es eigentlich, glücklich zu sein?

Was verstehen wir darunter?

Und weshalb ist es so erstrebenswert, glücklich zu sein? Sind wir denn sonst nichts und niemand, wenn wir unglücklich sind? Die essenzielle Frage lautet: Wer ist es, der unglücklich ist? Hat das etwas mit Ihnen zu tun?

Es ist durchwegs keine sonderbare Frage. Sie zu beleuchten, ist gut und man sollte sich diese einmal stellen, um eine neue Sicht auf die Dinge zu bekommen. Viele Menschen können ihr momentanes Glück oder Unglück erst erkennen, wenn sie diese Fragen einmal genau unter die

Lupe genommen haben. Glück ist jetzt, nicht gestern und nicht morgen, es ist hier und jetzt. Alles andere ist ein Traumland und dort sind wir verloren.

Wenn wir der Meinung sind, dass uns Wünsche Glück bringen, wenn sie sich je erfüllen sollten, so werden wir viele Enttäuschungen erleben. Wofür wünscht man sich etwas? Um etwas zu erreichen. So glaubt man, das Leben gezielt steuern zu können, doch der Steuermann ist nicht der Mensch, sondern das Leben selbst. Würden wir mit ihm gehen, anstatt ständig gegenzusteuern, wäre alles ganz anders.

Kaum ist ein Wunsch in Erfüllung gegangen, ist er auch schon nicht mehr interessant und er bekommt augenblicklich Nachwuchs, welcher unersättlich zu sein scheinen. So geht es das ganze schöne Leben lang. Ein Wunsch löst den anderen ab und was bleibt, ist ein ewiges Sehnen. Man verliert sich im haben wollen, anstatt sich mit dem zufriedenzugeben, was man hat und worauf man sich gerade einstellen will.

Zuerst geht man in die Schule und lernt fürs Leben, sagt man uns. Danach erlernt man einen Beruf, welcher uns entsprechen und möglicherweise auch gut bezahlt sein soll, damit man einen gewissen Lebensstandard halten kann. Je höher das Einkommen, umso unzufriedener wird der Mensch. Das sieht zwar nicht so aus, weil er sich eigentlich allerhand leisten kann und damit recht zufrieden zu sein scheint. Das mag sein, doch diese Zufriedenheit beruht auf Objekten und die sind bekannterweise vergänglich.

Da alles einer steten Wandlung obliegt, ist es ein Gesetz des Lebens, dass Dinge kommen und gehen. Warum sich also etwas auf etwas einzubilden, was sich sowieso verändern und an einem vorübergehen wird? Man heiratet und plötzlich ist der Mann weg. Man lernt und plötzlich ist der Job weg.

Man hat einen Urlaub gebucht und plötzlich ist man krank. Es gibt wohl unendliche Beispiele, um aufzuzeigen, dass das Leben gewisse Dinge von selbst regelt und wir darauf nur begrenzt Einfluss nehmen können. In den Handlungen können wir das kaum, doch mithilfe unserer Gedanken ist das möglich und wir tun es auch ständig. Bewusst oder unbewusst, das spielt hier keine Rolle.

Bei Frauen ist auf der Wunschliste nach wie vor die glückliche Ehe samt Familie Thema Nummer eins. Auch wenn heute viele Frauen selbstständig sind, so sehnen sie sich in ihrem Innersten doch nach einem geborgenen Nest. Dann heiratet sie vielleicht, bekommt ein, zwei oder drei Kinder. Es spricht natürlich nichts dagegen, dies zu haben und es sich zu wünschen.

Doch wie mit diesem Familienwunsch aufgezeigt, so ziehen alle Wünsche tausend neue hinterher. Und es ist nicht möglich, dass sich alle Wünsche verwirklichen können.

Das Problem ist nicht, etwas zu haben, sondern, dass das, was man hat, einer ständigen Veränderung obliegt und uns dadurch Kummer und Leid beschert. Nicht die Sache selbst, sondern unsere Bindung an diese. Man wünscht sich natürlich gesunde Kinder, und dass aus ihnen etwas Besonderes wird. Man baut ein Haus oder kauft sich eine Wohnung.

Da man die finanziellen Mittel dazu ja meistens nicht hat, borgt man es sich von der Bank zu hohen Konditionen und ist dann die nächsten dreißig Jahre lang damit eingedeckt, dieses Darlehen zurückzuzahlen. So hat man ein Haus und Schulden. Es scheint, als ob alles in Ordnung wäre. Tolle Ehe. Tolle Kinder. Tolles Haus. Nun beginnt der Wunsch seinen Lauf zu nehmen, dass immer alles so bleiben soll.

Natürlich wünscht man es sich auch, die Schulden so rasch wie möglich zurückzubezahlen. Wenn man keinen Partner hat, wünscht man sich einen, hat man einen, dann wünscht man sich einen anderen. Die Kunst im Leben ist es, keine Wünsche zu hegen. Sie meinen, das sei langweilig? Nein, ganz im Gegenteil!

Unlängst hat jemand zu mir gesagt, ein Leben

ohne Wünsche sei nicht lebenswert. Das ist eine sehr verdrehte Sicht. Ein Leben ohne Wünsche ist das Beste, das Ihnen passieren kann. Wünsche binden uns an diese und machen uns abhängig. Wir machen unser Glück von ihrer Erfüllung abhängig, wie kann das sein?

Wer keine Wünsche hat, ist wirklich glücklich. Es ergeben sich ohnehin Dinge oder auch nicht, wozu also sich etwas wünschen? Das heißt nicht, dass Sie keine Ziele mehr haben sollen. Ein Ziel ist zwar auch eine Art Wunsch, aber wer ein Ziel im Auge behält, ohne es erzwingen zu wollen, hat eine ganz andere Dynamik als der, der sein Lebensglück davon abhängig macht.

Fragen und Erkenntnisse:

Sehen Sie, wie gefangen wir sind, wie sehr wir uns in der Materie verstrickt haben und uns tagtäglich mehr verstricken? Es ist schon sehr eigenartig, zu erkennen, in welchen kollektiven Mustern wir gefangen sind. Daraus einen Ausweg zu finden, erscheint von der dualen Sicht aus gar nicht möglich.

Deshalb richten wir unsere ganze Aufmerksamkeit nach innen, denn Lösung und Erlösung finden genau hier und jetzt statt. Zufriedenheit ist hier zu Hause. Ruhe und Frieden sind hier und jetzt in uns und nirgendwo anders. Wahrhaftig glücklich zu sein, meint jene Form, glücklich zu sein, die von nichts und niemandem abhängig ist.

Das heißt aber nicht, dass Sie auf alles Materielle verzichten sollen, nein, ganz und gar nicht. Denn dafür wurde es ja erschaffen, dass wir es nutzen können, um uns den Alltag zu erleichtern und zu verschönern.

Wie Sie jetzt ja selbst erkennen können, geht es darum, sich nichts anzuhaften, sich an nichts zu binden und seinen Geist damit zu blockieren. Es gehört uns letztlich nichts, es ist nur vorübergehend für uns bereitgestellt, um es eben zu nutzen.

Es reicht also aus, dankbar zu sein und zu erkennen, dass alles vergänglich ist und uns nur ein Stück weit begleitet.

Dem Leben dienen

Da wir jetzt in einer ganz besonderen Zeit leben und immer mehr Menschen spüren, dass in der Welt große Veränderungen vor sich gehen, ist es umso wichtiger, wacher zu sein. Denn nur wenn wir erkennen, wer wir wirklich sind und was genau unsere Aufgabe ist, sind wir ein wahrer Segen für diese Welt. Natürlich ist es notwendig, einer Aufgabe nachzugehen und damit unseren Lebensunterhalt zu verdienen, um unsere physischen Bedürfnisse wie Miete, Essen, Kleidung und dergleichen bezahlen zu können. Jedoch ist das Leben so viel mehr als der Job, der uns oft die ganze Energie raubt und uns kaum noch Luft zum Durchatmen lässt.

Im Katechismus habe ich schon im Religionsunterricht gelesen, dass Gott allmächtig, allgegenwärtig und allwissend ist. Diese kraftvolle göttliche Energie hält uns am Leben. Sie ermöglicht es erst, dass wir atmen und uns bewegen können. Warum haben wir das vergessen?

Wir denken, wir seien der Körper und haben uns irrtümlich mit einem Namen, der uns gegeben worden ist, identifiziert. Komisch. Jeder hat die körperliche Hülle als Fahrzeug für seine Lebensreise erhalten. Es gibt große, kleine, dicke und dünne Körper. Es gibt unterschiedliche Hautfarben und Religionen. Fakt ist, dass die Essenz aller Körper ein und dasselbe ist. Dies ist keine Behauptung, da es nur eine Essenz gibt, aus der heraus alles erscheint, so wie es auch die Körper tun. Sie kommen und gehen, kein einziger ist von Bestand.

Was im Körper wohnt, ist wertvoller, als dass man es mit Geld kaufen oder erwerben könnte. Hierhin sollten wir unsere Aufmerksamkeit lenken, auf die unvergänglich kostbare Schönheit in uns. Unsere wahre Lebensaufgabe besteht darin, dies zu erkennen, unser Leben danach auszurichten und endlich aufzuwachen. Dafür sollten wir jeden Augenblick nutzen und keinen vergeuden. Vergeuden wir ihn also nicht mit unnötigem Zeitvertreib. Genießen wir unser Leben, indem wir einfach hier sind und zu uns selbst erwachen.

Diese innere Gewissheit hat Sie auch hierher gebracht. Wir alle haben diese innere Gewissheit in uns, ohne uns dessen bewusst zu sein. Gehen wir öfters mal nach innen und tauchen wir in diesen unsichtbaren Bereich ein. Egal, ob wir etwas spüren oder auch nicht. Wichtig ist die Ruhe, Stille und Hinwendung zu diesem einen universellen Bewusstsein. Öffnen wir uns dieser wahren Aufgabe des Lebens und treten wir ein ins höchste Bewusstsein unseres wahren Selbst.

Indem wir alle Lebensbereiche harmonisch aufeinander abstimmen und erfüllen, tragen wir dazu bei, das ganze Leben zu erneuern. Wenn wir eine Aufgabe ausführen, die uns erfüllt und damit auch anderen zugutekommt, tragen wir schon sehr viel zu dieser Harmonisierung bei.

Ein Job, der nur dazu da ist, um Geld zu verdienen, wird auf Dauer weder glücklich machen noch Bestand haben. Irgendwann wird er uns genommen werden, da eine Arbeit immer von Nutzen sein soll. Eine Aufgabe, die nur Ihnen dient, ist keine wahre Aufgabe.

Es ist vielleicht eine Beschäftigung, aber niemals die Erfüllung. Was kommt und geht, kann nicht erstrebenswert sein. Erstrebenswert ist nur eines – und das ist die Vervollkommnung Ihres menschlichen Seins.

Der Beruf als Berufung. Wie es der Name schon sagt, sollten wir wieder dem Ruf Folge leisten, welcher aus uns heraus ständig zu uns spricht und uns darauf hinweist, was wir tun sollen. Erst dann werden wir auf jeden Fall erfolgreich sein.

Es lässt sich gar nicht vermeiden und es ist eine Folge der Selbstverwirklichung. Sobald uns die Tätigkeit, die wir tagtäglich ausüben, voller Freude und Hingabe erfüllt und wir sogar dazu bereit wären, sie ohne Bezahlung auszuüben, haben wir das Richtige gefunden. Es schadet nicht, dafür überdurchschnittlich entlohnt zu werden. So sollte es sein und so wird es auch sein.

Warum?

Weil Ihnen Ihre Aufgabe unbändige Freude bereitet und Sie damit andere Menschen beschenken. Wer andere selbstlos beschenkt, den beschenkt das Leben. Eine fürstliche Entlohnung ist kein Widerspruch, wenn es darum geht, bescheiden zu sein. Auch ein einfacher, bescheidener und bewusster Mensch kann über viel Geld verfügen, warum nicht?

Er will es ja nicht besitzen. Er hat es und verwaltet es. Ihm ist bewusst, dass das Geld eine göttliche Gabe ist und nicht ihm gehört. Infolge dessen wird er ganz anders damit umgehen als jemand, der sich einbildet, Geld zu besitzen. Eine der großen Einbildungen ist es, dass Spiritualität materiellen Verzicht bedeutet.

Sobald man auf etwas verzichtet, stimmt etwas nicht. Man will es ja haben und unter einem Vorwand redet man sich ein, dass man es nicht braucht und dass man als bewusster Mensch mit wenig auskommen kann. Das mag sein, doch wenn ich eine Million auf dem Konto habe, kann ich auch mit wenig auskommen, nebenbei Projekte unterstützen und das Geld sinnvoll verwenden. Wer Geld komplett neutral sieht und es weder als gut oder schlecht bewertet, wird auch kein Problem mit viel Geld oder wenig Geld haben. Die Situation ist, wie sie ist, warum also nicht viel davon haben?

Man hat es ja nicht wirklich, man glaubt es nur. Wir haben nichts, nicht einmal einen Körper, denn auch der gehört uns nicht. Menschen meinen immer, dass Geld viele ihrer Probleme lösen könnte. Das stimmt nicht. Vielleicht würde manches einfacher werden, doch Probleme bleiben weiter bestehen und es entstehen anderorts neue, wenn man seine Sicht nicht ändert. Es geht also darum, die Sicht auf die Dinge, auch auf das Geld, zu ändern, dann ändert sich auch der Bezug dazu.

Wenn sich dieser wandelt, entstehen neue Resonanzen und Sie werden das, was Sie bisher abgelehnt haben, in Ihr Leben einladen. Wenn es dann kommt, können Sie es in vollen Zügen genießen, ohne dass Sie es überbewerten. Sie werden sehen, dass die Freude über z. B. viel Geld gar nicht so ist, wie Sie sich diese vorgestellt haben. Sie legt sich schnell und es wird sein, als wäre nie etwas geschehen.

Ich kenne einen Autor, der wollte ein Leben lang einen Bestseller schreiben. Als es dann so weit war, fragte ich ihn, ob er sein Ziel nun endlich erreicht hätte. Er meinte, dass er sich das eigentlich anders vorgestellt hätte. Er hat sich zwar gefreut, aber nicht so, wie er glaubte. Und nun ist es so, als wäre nie etwas gewesen. Es hat sich nichts verändert.

Natürlich nicht, er ist ja der gleiche Mensch geblieben, sofern er sich nicht bewusst weiterentwickelt hat. Wir glauben immer, dass ein Wunsch, den wir uns in den Kopf gesetzt haben, das Leben verändern wird. Das mag sein, doch es wird nichts an unserer Einstellung und Sicht ändern.

Und da wir meistens „der Gleiche bleiben", der die gleichen Gedankenmuster weiterstrickt, wie er es bisher getan hat, wird auch alles „beim Alten bleiben". Auch wenn alles jeden Tag neu erscheint, wer in alten Mustern denkt, wird in ihnen stecken bleiben.

Wenn Sie daran denken, an Ihrer Arbeit etwas ändern zu wollen, stellen Sie sich folgende Fragen: Was macht mir besonders Freude?

Was kann ich besonders gut oder worin bin ich besonders gut?

Was ist meine Stärke?

Welche Talente und welche Fähigkeiten besitze ich? Was würde ich am liebsten den ganzen Tag über tun? Und was hindert mich eigentlich daran, es zu verwirklichen? Wo grenze ich mich selbst ein, indem ich zu mir selbst sage, dass es nicht leicht ist oder nicht geht?

Natürlich erfordert eine Veränderung auch Mut, das ist uns allen klar, doch das Leben ist ein steter Fluss und sich am Ufer festzuklammern, um ja nicht ins Wasser zu fallen, kostet Kraft. Das kann auf Dauer ganz schön anstrengend sein. Es ermüdet und raubt uns die Lebensenergie, die wir effizienter nutzen können – zum Beispiel für einen beruflichen Richtungswechsel oder eine völlige Neuorientierung. Warum nicht einfach neu durchstarten?

Was hindert Sie daran? Natürlich das Denken. Es hat genug Gründe vorrätig, Sie davon abzuhalten. Handeln Sie spontan und folgen Sie Ihrer inneren Stimme. Sie sollte hier das Sagen haben und der Verstand sollte ruhen. Natürlich darf er mitmischen, aber er soll niemals die Oberhand behalten.

Die Entscheidungen sollen immer intuitiv getroffen werden, denn innerlich wissen Sie längst, was gut für Sie ist. Spontane Entscheidungen setzen neue Energien frei und man staunt oftmals darüber, welch fruchtbare Ideen in einem schlummern.

Nutzen Sie die Chance, Ihr Leben tagtäglich neu zu definieren, neu auszurichten und jeden Tag neu zu beginnen. Sehen Sie alles und jeden, jeden Tag, ja, jeden Augenblick neu.

So fallen die alten Konditionierungen allmählich ab und eine neue Sichtweise kann sich einstellen und Ihr Leben völlig erneuern. Ihr Lebensbereich hat Instrumente und Begebenheiten wie den Körper, den Verstand, das Bewusstsein, in dem alles erscheint, die Wohnung oder das Haus, den Arbeitsplatz und die Beziehung oder Partnerschaft, die Familie, das Umfeld, die sogenannte Gesellschaft etc.

Wie authentisch sind Sie in all diesen Bereichen? Leben Sie als der, der Sie wirklich sind, oder zeigt sich eine Maske?

Kennen Sie den, der in Ihrem Körper wohnt, oder sind Sie jemand, der selbst nicht genau weiß, was er ist, was er tut, was er will? Dienen Sie dem Ego oder Ihrem Selbst? Wer oder was in Ihnen gibt den Ton an? Befriedigen Sie die Bedürfnisse der anderen oder folgen Sie Ihrem höchsten Selbst?

Sind Sie liebevoll, ehrlich, klar oder genau das Gegenteil davon? Wer oder was möchten Sie sein? Was würden Sie am liebsten arbeiten oder tun?

Beantworten Sie diese Fragen, ohne darüber nachzudenken. Wenn wir ehrlich und aufrichtig zu uns selbst sind, dann kommt uns das Leben genau so entgegen. Wir lernen jeden Tag, jeder Tag ist ein anderer Tag.

Nichts ist gleich. Gehen wir also offen und voller Begeisterung in den Alltag, damit es *ein All-Tag* sein kann. Seien Sie offen für einen Neubeginn in jeder Beziehung, egal, ob beruflich oder privat. Es gibt viele Ausbildungen, welche man auch von zu Hause aus machen kann, einer allgemeinen Weiterbildung steht nichts im Wege.

Das, was uns im Wege stehen kann, sind wir selbst, mit unseren mentalen Begrenzungen. Also nutzen Sie Ihr Leben und wenden Sie sich den wesentlichen Dingen zu, bevor Sie sich eines Tages dem Wesentlichen selbst widmen.

Nachklang

Man sieht nur mit dem Herzen gut und man hört nur mit dem Herzen gut, das Wesentliche ist für das Auge unsichtbar. Als wahrhaftiger Lebensberater oder -coach sollte man auch die Kunst des Zuhörens beherrschen. Nicht nur mit den Ohren hört man gut, sondern auch mit dem Herzen – vor allem mit dem Herzen, muss ich hier an dieser Stelle sagen. Herauszuhören, was der andere meint, nicht nur, was er sagt, ist von Bedeutung.

Von wirklicher Bedeutung ist das, was er nicht sagt. Manches Mal möchte man nur mit jemandem sprechen, ohne dass dieser gleich seine eigene Meinung überstülpt und alles frei nach seiner Auffassung interpretiert. Durch das Gehört-Werden lösen sich oftmals schon viele Unklarheiten auf, denn wer sich sprechen hört, gibt sich ja bereits die Antwort selbst. Sie liegt in jedem Wort, das man ausspricht, in jeder Frage, die man stellt.

„Ich bin unglücklich, weil ich keinen Partner habe." Die Lösung liegt bereits in diesem Satz. Dieser Mensch glaubt, mit einem Partner an seiner Seite glücklicher zu sein. Er macht seine

Zufriedenheit von einem anderen Menschen bzw. einer anderen Lebenssituation abhängig. Er ist nicht in der Lage, mit sich selbst glücklich zu sein usw. Allein seine Sicht entscheidet über seine Traurigkeit, keinen Partner zu haben. Warum muss ich traurig sein, wenn ich alleine bin? Das ist eigenartig.

Wenn es nicht so sein sollte, wäre es nicht so. Warum nutze ich die Zeit nicht einfach dazu, um mich mit mir selbst auseinanderzusetzen oder um etwa das zu tun, was mir Freude bereitet. Es ist ein Trugschluss, zu glauben, dass die Erfüllung in einer Partnerschaft liegt. Erfüllung liegt nirgends, auch nicht in einer Arbeit, in der Familie etc. Sie liegt immer in uns selbst.

Das heißt aber nicht, dass ich mit Partner, Familie, Arbeit etc. nicht glücklich sein kann. Sicher ist es schön und gibt mir Lebenssinn. Doch auch hier gilt: *Es ist nichts von Dauer.* Glück kann nicht in vergänglichen Dingen oder Lebenssituationen liegen. Es kann uns kurzfristig erfreuen, befriedigen und das Leben verschönern, doch was bleibt, wenn das alles plötzlich nicht mehr da ist?

Wenn das Glück nicht bleibt, ist es nichts wert. Wenn es nicht jeden Augenblick in uns spürbar ist, obliegt es der irdischen Begrenzung. Wertvoll ist das, was bleibt und beständig ist: unser wahres Sein.

Zurück zum Zuhören: Oft habe ich im Supermarkt an der Kasse, im Café oder in der Bahn etc. schon beobachtet, wie Menschen ihr Leid klagen und jammern. Das Lustige dabei ist, dass ihnen keiner zuhört. Kaum hat einer sein Problem ausgesprochen, fällt der andere ins Wort und erzählt von seinen Problemen. Gibt es denn nichts anderes zu erzählen?

Können wir nicht von erfreulichen Dingen sprechen?

Müssen wir immer und immer wieder unsere Kopfdramen nach außen transportieren und andere damit behelligen?

Umweltverschmutzung beginnt im Kopf, habe ich einmal gelesen. Macht man dann den Mund auf, fällt der Müll heraus. Verzeihen Sie, wenn dies etwas grob klingt, aber es ist so. Wir sollten mit der Wortwahl bewusster umgehen und bei solchen ernüchternden Sätzen ist es anschaulicher und mir haben sie immer dabei geholfen, klarer zu sehen. Um den Brei herumzureden, hilft niemandem. Eine radikale Aussage ist oft heilsamer als eine mit Samthandschuhen angefasste Schmeichelei.

Problemlösung besteht nicht darin, ehrgeizig alle Probleme lösen zu wollen, sondern zu erkennen, dass in jedem Problem die Lösung schon enthalten ist, denn sonst würde es ja Kontrablem heißen. Ob Sie selbst einem schwierigen Umstand gegenüberstehen oder es jemand in ihrem Umfeld tut, Fakt ist, nur die eigene Sicht kann etwas verändern. Ein Richtungswechsel im Kopf sowie eine neue Ausrichtung sind die Lösung. Eine Lösung im Außen können Sie zwar suchen, doch ich muss Sie enttäuschen, die gibt es nicht. Wie schön, wenn ich Sie enttäuschen darf, denn dadurch können

Sie klarer werden und Ihre Aufmerksamkeit nach innen richten. Wer sich ständig in Problemen wälzt und nach Lösungen sucht, weicht vom Augenblick ab. Im Augenblick zu leben und diesen bewusst wahrzunehmen, ist eine absolute Problemtilgung. Wenn Sie hier und jetzt den Augenblick wahrnehmen, wo sind dann Ihre Probleme? Wenn Sie an nichts denken, ist auch nichts da, das Sie belasten könnte. Alle Probleme erscheinen im Raum-Zeit-Kontinuum der dualen Erde. Innerhalb dieser Sphäre muss es Probleme geben, es ist ja das Schulhaus der Evolution.

„Problemlose Zonen" wünschen sich nicht nur Frauen, sondern auch die Seelen, die endlich befreit werden wollen von diesen Begrenzungen der Welt. Machen Sie sich nicht kleiner, als Sie es sind. Sie sind unvorstellbar, Sie sind die Liebe selbst. Wenn Sie das erkennen, sind Sie gut beraten und ein Segen für die Welt. Ich wünsche Ihnen alles Gute und seien Sie wach, das Leben „er-wartet" es.

KURT TEPPERWEIN

Lebens-Berater/in

AUSBILDUNG

8 CDs
600
Minuten

Nähere Infos zu Heimlehrgängen der IAW unter:

Lebens-Berater/in

Dieses **Intensiv-Heimseminar zum/r Lebensberater/in** ist eine professionelle Ausbildung die all denjenigen angedacht ist, die sich weiterentwickeln und auch anderen Menschen Unterstützung bieten wollen. Dieses Studium hilft Ihnen dabei, Ihre individuellen und versteckten Fähigkeiten zu erkennen, zu entfalten und erfolgreich anzuwenden.

Lebensprobleme sind da, um gelöst zu werden. Sie bilden stets eine Chance für Veränderung. Wer die Botschaften des Lebens versteht, wird seinen Lebensplan erfüllen und ganz nebenbei auch noch seine Wünsche und Ziele erreichen. Diese qualifizierte Ausbildung bildet das Fundament für mehr Lebensfreude und -erfolg. Im Weiteren vermittelt sie Ihnen Anerkennung und sorgt für ein erfülltes und sinnvolles Dasein.

Viel Glück und Erfolg als Lebensberater/in wünscht Ihnen

THEMENÜBERSICHT:

Der Neubeginn meines Lebens
Lebensphilosophie und Weltbild
Erfolgreiches Selbstmanagement
Die geistigen Gesetze
Sicherheit und Selbstvertrauen
Psychohygiene
Loslassen von Ärger und Angst

Gesamtspielzeit ca. 600 Min.

www.iadw.com

www.iadw.com

**Im Buchhandel und Internet finden Sie stets brand-
aktuelle Themen, sowie zeitlose Wissensschätze von
*Kurt Tepperwein!***

Folgende Bücher und E-Books können Sie direkt über den BoD-Verlag
(www.bod.de/www.bod.ch) detailliert einsehen, bevor Sie sich für Ihr
Wunschthema entscheiden:

- **Ab heute bin ich frei!**
- **Bäume ausreißen! – Trainingsheft für mehr Motivation**
- **Berufskrise ade! – Frei sein von Arbeitssucht, Stress, Burn-
  out, Mobbing, Innerer Kündigung und Arbeitslosigkeit
  Bewusstseinssprung in eine neue Dimension**
- **Blinddate mit Magen und Darm**
- **Bring Farbe in dein Leben mit Dankbarkeit**
- **Bring Farbe in dein Leben mit einem einfachen Lächeln**
- **Bring Farbe in dein Leben mit Heiterkeit**
- **Bring Farbe in dein Leben mit Herzensfülle**
- **Bring Farbe in dein Leben mit Hingabe pur**
- **Bring Farbe in dein Leben mit Liebesweisheit**
- **Bring Farbe in dein Leben mit Seelenkraft**
- **Bring Farbe in dein Leben mit Stille in dir**
- **Bring Farbe in dein Leben mit Wertschätzung**
- **Bring Farbe in dein Leben mit Zeitlosigkeit**
- **Das Buch der Erfolgsgesetze**
- **Die hohe Schule des Lebens**
- **Die Kunst mühelosen Lernens**
- **Die Praxis der geistigen Gesetze**
- **Die Renaissance der Frauenpower – 7 Schritte zur Liebesfähigkeit**
- **Du bist wie du bist!**
- **Ein Leben ohne Ängste und Sorgen? – Trainingsheft für mehr
  Lebensqualität**
- **Einfach nur schön**
- **Endlich wieder FIT! – Trainingsheft zur Gesunderhaltung**
- **Erwachen zum wahren Sein**
- **Folge deinem Leitstern**
- **Frau sein – ganz sein, Mentaltraining für eine neue Weiblichkeit**
- **Geistheilung durch sich selbst**
- **Gelassenheit**
- **Gelebte Achtsamkeit**

- Gestalte dein Leben einfach neu! – Energetischer Impulsgeber zum Thema Alltagsführung
- Gesund für immer
- Glaube an Dich!
- Glücks-Gesetze
- GoldenWay Edition: Das Leben als Einweihungsweg
- GoldenWay Edition: Ihr Zauberstab Gedankenkraft
- Hilf dir selbst. Sei du selbst. Gesunde!
- Kausal-Training
- Leben im Überfluss, Die Zukunft selbst bestimmen
- Leben in der Gegenwart der Engel
- Liebst du mich auch? Energetischer Impulsgeber zum Thema Partnerschaft
- Nie mehr ärgern, bewusster leben
- Nie oder Jetzt! Aufbruch zur wahren Identität
- Out-Burn, Burn-out umkehren. Der Ausweg aus der Erschöpfungsfalle.
- Perlen der Weisheit
- Probleme adieu! Trainingsheft zur Konfliktbesänftigung
- Schreib Dein Leben um
- Selbstbewusst durchs Leben! – Energetischer Impulsgeber zum Selbstwert und Sicherheit
- Selbstheilungskräfte aktivieren
- Sinnfindung leicht gemacht! – Energetischer Impulsgeber zum Thema Bewusstwerdung
- Tepperwein Magazin der neuen Generation
- Tepperwein Magazin der neuen Generation 2
- Tepperwein Magazin: Wünsche & Träume mit Mental-Training verwirklichen
- Verwirklichung
- Von der Angst zur Lebensfreude
- Wahre Freundschaft: Tierisch echt!
- Was wünscht du dir vom Leben?
- WEIH-NACHTEN
- Willkommen in der Leichtigkeit
- Willst du erfolgreich sein? – Leitfaden zu Reichtum und Erfolg
- Wunder vollbringen durch schöpferische Imagination
- Zeit halt, stehengeblieben! – Trainingsheft für ein gutes Zeitmanagement